녹색
경영

녹색 경영

저탄소 경제, 부富의 지도를 바꾼다

LOW CARBON, GREEN GROWTH

김현진

민음사

저자의 글

이 책의 마무리 작업에 여념이 없었던 올해 겨울은 무척이나 추웠다. 수십 년 만에 찾아온 최대 한파와 폭설로 꽁꽁 얼어붙은 겨울 날씨는 지구온난화의 과학적 논쟁에 또다시 불을 붙였다. 지구의 온도가 올라가기는커녕 빙하기가 다시 도래하는 것이 아니냐는 주장에서 한파, 폭설, 가뭄, 홍수 등의 기상이변이야말로 지구온난화의 또 다른 얼굴이라는 반론까지, 실로 다양한 견해가 쏟아져 나왔다.

한편 2009년 12월 덴마크의 코펜하겐에서는 2012년 이후 글로벌 온실가스 감축 체제를 논의하기 위한 국제회의가 기대와 회의가 교차하는 가운데 진행되었다. 절반의 성공을 거두었다는 긍정적 평가와 구속력 있는 온실가스 감축 목표가 빠진 제한적이고 형식적인 협정이었다는 아쉬운 평가가 엇갈렸다. 명백한 사실은 지구익地球益과 장기적 관점보다 단기적인 자국의 이해관계만을 최우선시하는 각국 정부의 입장을 확인할 수 있었다는 점이다. 이는 사실 새로운 발견은 아니다.

이미 세계의 주요 국가들은 1980년대 후반부터 지구온난화라는 '불편한 진실'을 외면하면서 자국의 이익 챙기기만을 표방해 왔다. 온실가스 감축에 동참하라는 선진국의 제안에 개도국들은 "풀코스 식사에 디저트 먹을 때쯤 초대해 놓고 밥값은 똑같이 내자는 격"이라며 반발했다. 선진국들은 온실가스 감축이 불가피하기는 하지만 내가 먼저 더 줄일 수는 없다는 입장이다. 러시아처럼 지구온난화가 국익에 유리하게 작용할 수도 있는 나라는 "날씨가 더워지면 러시아 국민들의 겨울철 모피코트 값이 줄어든다."라는 말로 자국의 이해관계를 대변했다.

기업의 움직임도 갈피를 잡지 못하기는 마찬가지다. 환경이 돈이 되는 시대가 왔음을 인식하고 기업의 경영 전략에서부터 마케팅, 공급망 관리, 친환경 연구 개발 및 투자 등에 이르기까지 기업 경영의 전 가치 사슬에 녹색을 도입하는 움직임이 눈에 띄게 증가한 것은 사실이다. 그러나 코펜하겐 회의 이후 일시적으로나마 탄소 배출권 시장이 위축되고 기업의 친환경 투자와 기술 도입이 지연되는 경향이 나타나고 있다. 최근 도요타 리콜 사태의 불똥이 친환경차의 대명사 '프리우스'에까지 튀면서 친환경차로의 이행 열기가 식는 것은 아니냐는 우려의 목소리도 나오고 있다.

이 책은 이와 같은 지구온난화를 둘러싼 과학과 정치, 그리고 시장의 움직임을 다루고 있다. 섣불리 갈피를 잡지 못하는 복잡한 상황 속에서 미래에 대한 보다 정교한 예측을 하기 위한 방법은 무엇일까? 생각을 단순화시키자면 일단 변할 수 있는 요소와 변하지 않을 요소를 가려내는 것이다.

변하지 않을 요소란 산업혁명 이후 화석연료를 중심으로 한 에너지의 세계가 이제 거대한 두 가지 도전에 직면해 있다는 점이다. 하나는 향후 에너지 수요는 급증하는 데 반해 공급의 불안정성은 심화되고 있는 상황에서 에너지를 어떻게 확보해야 할 것인가라는 양적인 측면의 도전이다. 또 한편으로는 미래에는 단순히 에너지를 확보하기만 하면 되는 것이 아니라 '깨끗한' 에너지를 확보해야만 한다는 질적인 차원의 문제도 대두하게 되었다.

저자는 이 책에서 양적, 질적 측면의 도전으로 인해 이제 에너지의 세계는 좋든 싫든 저탄소 에너지 경제 시스템으로 이동할 수밖에 없다는 점과 저탄소 경제로의 이행은 국가와 기업의 부富를 근본적으로 바꿀 거대한 기회로 다가올 것이라는 점을 강조하고 있다. 저탄소 에너지 경제 시스템으로의 이동이 얼마나 빠른 속도로 이루어질지는 생태계의 변화와 과학적 합의, 이에 대한 정치와 시장의 반응에 따라 다소 변화가 있을 것이다. 하지만 분명한 점은 이미 시작된 저탄소 경제라는 새롭고도 거대한 물결에 주도적으로 올라탄 국가와 기업은 새로운 가치 창출을 통해 거대한 이익을 향유하며 승자 그룹으로 재편될 것이라는 것이다.

2008년 정부는 '녹색 성장'을 새로운 국가 발전의 패러다임으로 제시하면서 '그린 강국 코리아'를 선언했다. 세계를 향해 오염물질을 내뿜는 국가도, 반대로 환경을 보호한다는 명분 아래 허리띠를 졸라매야 하는 국가도 경쟁력과 매력을 갖출 수 없다는 점에서는 동일하다. 이른바 환경과 경제라는 풀기 어려운 딜레마를 기술과 시장에 의해 해결한다는 것이 녹색 성장이라는 새로운 철학과 행동 방향이며, 이를 통해 녹색의 물결이 우리 사회에 출렁이기 시작하고 있음을 다행스럽게 생각한다.

에너지 자원이라는 차원에서 보면 세계에서 최빈국에 해당했던 것이 우리의 현실이다. 20세기 에너지 강국의 조건은 석유, 석탄 등 유형의 자원을 얼마나 보유하고 있는지에 의해 결정되었기 때문이다. 하지만 21세기에는 에너지의 기술과 시장 등 무형의 자원을 선점한 국가가 에너지 세계의 새로운 강국으로 부상할 것이다.

이미 저탄소 경제로의 이행은 시작되었고 이 과정에서 규제의 형태로든 기술적 해결의 형태로든 온실가스 감축 문제는 피해 갈 수 없는 대세가 되고 있다. 이미 대세라면 해답은 명료하다. 정부와 기업은 선제 대응을 통해 온실가스 감축과 저탄소 관련 기술 개발을 경쟁력 확보의 기반으로 삼아야 한다. 그리고 이는 자원 빈국 한국이 21세기 에너지 강국으로 도약하기 위한 초석이 될 것이다.

이 책을 쓰면서 많은 분들의 도움을 받았다. 이 글의 큰 틀을 그릴 수 있었던 것은 대한민국 최고 지성들의 그린 네트워크인 '기후 변화 리더십 과정'의 주임교수를 맡으면서였다. 기후 변화 1기에서 매주 'Channel E'(E는 Energy, Environment, Economy의 복합적인 상호 작용을 의미한다.)를 강의하면서 큰 틀을 다듬었고, 《조선일보》에 「김현진 교수의 기후 변화 아카데미」를 연재하면서 다양한 사례들을 추가했다. 1기에서 4기까지 최고의 지성을 겸비한 각계 리더 분들과의 학습 및 토론을 통해 뛰어난 통찰력을 배울 수 있었다. 소중한 학습의 장을 마련해 주신 기후변화센터의 고건 이사장님과 서울과학종합대학원의 윤은기 총장님께 감사드린다. 또한 연세대학교 환경교육대학원에 재학 중인 최주연 씨는 주말을 아낌없이 반납하며 이 책의 자료와 교정, 사진 작업까지 열성적으로 도와주었다. 정말 고마운 일이다.

　마지막으로 내가 가장 편안한 마음으로 책을 집필할 수 있도록 도와준 가족에게 감사드린다. 전화하는 시간까지도 아까워하시며 빠른 출간을 격려해 주신 부모님, 바쁜 시간을 쪼개어 원고를 읽어 주며 때로는 감탄으로, 때로는 거침없는 코멘트로 격려와 응원을 아끼지 않았던 남편 이현승 씨, 그리고 항상 나의 에너지의 근원인 딸 유정에게 사랑과 고마움을 전한다.

2010년 2월

김현진

| 차 례 |

2부 경영 환경이 바뀐다

3부 온실가스 규제 시대의 경영 전략

1부

저탄소 경제, 부_富의 지도를 바꾼다

1 왜, 지금, 저탄소 경제인가?

에너지 경제의 새로운 화두

최근 '저탄소 경제low-carbon economy'라는 용어가 21세기 에너지 경제의 새로운 화두로 급부상하고 있다. '저탄소 경제'라는 낯선 개념이 우리 사회에서 비교적 널리 인식되기 시작한 것은 아마도 2008년부터일 것이다.

2008년 우리 정부는 '저탄소 녹색 성장Low Carbon, Green Growth'을 대한민국의 새로운 국가 발전의 패러다임으로 제시하면서 '그린 강국 코리아'로의 변신을 선언했다. 다소 급작스러운 조치가 아니냐는 우려의 목소리에도 불구하고, 정부는 녹색 기술GT: Green Technology을 새로운 성장 동력으로, 궁극적으로는 일자리 창출과 지속 가능한 경제 성장을 달성하겠다는 비전 아래 구체적인 정책과 액션 플랜을 잇달아 내놓고 있다.

우리 기업들의 행보도 빨라지고 있다. 일부이지만 앞서 가는 기업들은 이미 경영 전략에서부터 조직, 생산, 마케팅, 회계, 연구 개발 등 기업 경영의 전 가치 사슬value chain에 녹색 옷을 입히는 작업이 한창이다. 지자체들도 앞다투어 녹색 도시로의 변모를 내걸고 있으며, 시민단체들도 녹색 생활과 녹색 소비의 확산을 위해 목소리를 내기 시작했다. 신문이나 방송, 잡지 등에서 녹색 규제, 녹색 기술, 녹색 기업, 녹색 제품의 동향 등을 다루지 않는 날이 하루도 없을 정도이다.

이 정도면 가히 녹색 열풍이라고 할 수 있는 상황이다. 하지만 이러한 우리 사회의 녹색 열풍을 바라보는 시각은 긍정적이지만은 않다. 첫째는 정부의 '저탄소 녹색 성장' 전략을 급조된 슬로건이나 새로운 정치적 돌파구 정도로 폄하하거나 한때의 스쳐 가는 유행으로 바라보는 시각이다.

둘째는 녹색 열풍의 주역인 신재생에너지 등의 녹색 기술이 과연 기존의 화석연료fossil fuel에 비해 경제성을 가질 수 있을 것인지에 대한 의문이다. 특히 국제 유가가 2008년 7월 사상 최고가WTI 기준 배럴당 147달러를 기록한 이후 2009년 초반 배럴당 30달러 중반 대까지 떨어지면서 이러한 시각에 힘이 실렸다. 국제 유가가 적어도 세 자릿수 대를 유지하면 모를까 배럴당 40~50달러 수준에 머무른다면 신재생에너지가 화석연료 대비 경제성을 확보하기는 어렵지 않겠느냐는 시각이다.

셋째는 2008년 이후 글로벌 경제의 침체가 장기화되는 가운데 과연 녹색 성장 전략이 경제 위기의 깊은 골에서 벗어나 지속 가능한 경제 성장을 이끌 수 있는 전략인가에 대한 보다 근본적인 의문도 존재한다.

이와 같은 의문들에 대한 구체적인 답변은 이 책을 읽어 나가면서 얻을 수 있으리라 생각한다. 우리 사회의 녹색 열풍은 다소 뒤늦은 감은 없지

않지만 에너지와 환경 트렌드에 대한 전문가 입장에서 볼 때 매우 다행스
럽고 환영할 일이 아닐 수 없다. 현재의 녹색 열풍은 한때의 유행도, 정치
적 슬로건도, 우리만의 독창적인 전략도 아닌 '저탄소 경제로의 이행'이라
는 에너지 경제의 거대 트렌드 변화에 대한 당연한 대응의 시작이기 때문
이다.

저탄소 경제를 향한 거침없는 각국의 행보

세계 주요국들은 이미 수년 전부터 '저탄소 경제 시대'의 도래를 상정하
고 새로운 변화의 시대에 새로운 강국으로 부상하기 위한 치열한 경쟁을
벌여 왔다.

저탄소 경제로의 이행에 가장 앞장서고 있는 것은 유럽연합EU: European
Union이다. EU는 이미 십여 년 전부터 석탄에서 천연가스로, 화석연료에서
신재생에너지로 연료 전환을 추진해 왔다. 'Green EU'를 내걸고 역내 27개
국에 온실가스 감축 목표를 설정하고 감축 경쟁을 벌이고 있다. 2008년
EU위원회EU Committee는 재생에너지, 바이오 제품, 지속 가능 건설 등 6대
분야를 집중적으로 육성하여 2020년까지 3000억 유로 이상의 시장으로
키우겠다는 전략을 발표했다.˙

저탄소 경제를 향한 레이스에서 EU의 뒤를 바짝 쫓고 있는 것은 다름

˙ EU위원회는 2008년 1월, 정책적 지원을 통해 조기에 국제 경쟁력 확보가 가능한 여섯 개 부문
을 '선도 시장(Lead Market)'으로 선정하여 육성한다는 전략을 발표했다. 여섯 개 부문은 재생에너
지, 바이오 제품, 지속 가능 건설, e헬스, 산업용 섬유, 자원 재활용이다.

아닌 일본이다. 2008년 후쿠다 야스오^{福田康夫} 전 총리는 '후쿠다 비전'을 통해 저탄소 국가 일본을 공식 선언했다. 2050년까지 전 세계 탄소 배출량을 절반으로 감축하는 목표를 내건 'Cool Earth' 구상을 통해 스물한 개 핵심 녹색 기술[•]의 개발을 구체화하고 있다.

저탄소 경제에 역행하는 듯이 보였던 미국에도 최근 변화의 조짐은 뚜렷하다. 2001년 부시 행정부가 들어선 이후 미국은 교토의정서 탈퇴를 표명하면서 온실가스 규제에 저항해 왔다. 에너지 정책도 친^親화석연료 일변도였다. 하지만 2008년 말 포스트 부시를 향해 경합을 벌이던 오바마, 매케인 두 대권 주자들의 입장은 부시 행정부의 에너지 정책과는 완연히 차별화되는 모습을 보였다. 민주당의 오바마 후보는 물론 공화당의 매케인 후보까지도 기업의 온실가스 배출을 규제하고 EU와 유사한 방식의 온실가스 배출권 거래 시장을 도입하는 것에 찬성했다. 오바마 대통령은 후보 시절부터의 공약 사항이었던 "향후 10년간 녹색 기술에 1500억 달러를 투자하여 500만 개의 녹색 일자리^{Green Job}를 창출"하겠다는 것을 '오바마노믹스^{Obamanomics}'의 핵심으로 추진하고 있다.

이는 선진국만의 변화가 아니다. 중국 역시 지속 가능한 경제 성장의 전제 조건으로 '그린 차이나^{Green China}'로의 변신을 내걸고 있다. 중국 정부는 최근 수년간 '그린 GDP' 산출 작업을 추진하다가 이를 슬그머니 접었다. '그린 GDP'란 경제 성장 과정에서 환경오염이나 생태계 파괴로 인

• 고효율 천연가스 열발전, 고효율 석탄 화력발전, 탄소 포집 및 저장, 광전지, 소규모 원자로, 고효율 초전도체, 지능형 운송기, 연료전지차, 전기 수소차, 바이오 연료, 혁신 제품, 혁신적인 철강 제조, 고효율 건물, 차세대 고효율 조명, 연료전지, 고정식 연료전지, 초고효율 열펌프, 고효율 정보 장비, HEMS/BEMS/지역별 EMS, 고성능 파워 저장, 전자공학, 수소의 생산·이송·저장 등이 이에 포함된다.

한 경제, 사회적 비용을 제하고 GDP를 산출하는 방식이다. 환경오염 및 생태계 파괴로 인한 비용이 너무 방대한 나머지 작업을 중단하기에 이른 것이다. 환경오염과 에너지 문제가 향후 중국의 지속 가능한 경제 성장의 최대 걸림돌로 지목되는 상황에서 부상하고 있는 것이 '녹묘綠猫 경제론'이다. 1978년 덩샤오핑鄧小平은 중국의 개혁·개방을 추진하면서 검은 고양이든 흰 고양이든 쥐만 잘 잡으면 된다는 실용주의적 사고인 '흑묘백묘黑猫白猫'론을 내세웠다. 하지만 이제 중국의 지속 가능한 성장을 위해서는 검은 고양이도 흰 고양이도 아닌 녹색 고양이가 되어야 한다는 논의가 힘을 얻고 있다.

세계의 주요국들 사이에서 너도 나도 녹색 옷으로 갈아입고 뛰어야 한다는 인식이 확산되고 있는 배경은 무엇일까? 필자는 세계 주요국의 정책 결정자들이 '저탄소 경제로의 이행'이라는 에너지 경제 시스템의 거대한 변화를 인식하고, 저탄소 경제에 뒤늦게 동참하는 국가는 21세기 경쟁에서 뒤처질 것이 불가피하다는 위기의식을 강하게 느끼기 시작했기 때문이라고 판단한다.

변화의 흐름에 동참하라

『제3의 물결*The Third Wave*』로 우리에게 잘 알려진 앨빈 토플러Alvin Toffler는 농업혁명, 산업혁명에 이어 정보혁명 시대의 도래를 역설한 바 있다. 하지만 이제 세계는 기후 변화를 기폭제로 우리가 느끼지 못하는 사이에 저탄소 경제 혁명의 시대를 맞이하고 있다. 제4의 물결로 주목되는 저탄소 경제 혁명에 어떻게 대응하느냐는 차세대 국가와 기업의 운명을 다시 한 번 바꾸는 결정적 계기가 될 것임이 자명하다.

『강대국의 흥망The Rise and Fall of the Great Powers』의 저자인 역사학자 폴 케네디Paul M. Kennedy는 지난 5세기 동안 강대국들의 흥망성쇠 과정을 광범위하게 연구한 결과 영원한 강대국은 존재하지 않으며, 세계의 부의 지도는 끊임없이 변한다는 결론에 도달한다.

실제로 산업혁명과 정보혁명 등 새로운 변화는 부의 세계 지도를 다시 그리게 했으며, 변화를 주도하지 못하거나 심지어는 변화에 적응하지 못한 국가는 강대국으로서의 지위를 계속 유지할 수 없다는 것을 알 수 있다. 새로운 변화의 물결에 직면했을 때 중국은 산업혁명을 놓쳤고, 러시아는 정보혁명을 놓쳤다. 새로운 변화의 흐름에 동참하지 못했던 중국과 러시아는 이후 오랜 시기 동안 경쟁력을 상실한 채 고난의 세월을 보내야 했다. 다시 말해 변화를 주도하느냐, 혹은 시대의 흐름에 적응하느냐가 국가 흥망의 관건이 되는 것이다.

기업 역시 예외는 아니다. 1987년 출간 이래 베스트셀러를 차지해 온 『혼돈 속에서의 번영Thriving on Chaos』의 저자 톰 피터스Tom Peters는 "초우량 기업은 존재하지 않는다."라고 역설한다. 산업의 장이 바뀌면 초우량 기업의 조건 역시 바뀔 수밖에 없으며, 역사상 초우량 기업의 몰락 원인은 새로운 가치 창출에 실패했기 때문임을 강조한다.

다국적 컨설팅 회사인 맥킨지앤드컴퍼니에 따르면 미국 대기업의 평균 수명은 1935년 90년에서 2005년에는 15년으로 단축된다. 기업의 평균 수명이 왜 이토록 급격히 줄었을까? 복합적인 이유가 작용하고 있겠지만 자명한 사실은 그만큼 변화의 속도가 빨라졌기 때문이다. 격변의 시대에 지속적인 변화 관리와 새로운 가치 창출에 실패하는 기업은 역사의 장으로 슬그머니 사라질 수밖에 없는 운명에 처해 있다. 사람의 라이프사이클로 보면 15세라는 나이는 성장 속도가 가장 빠른 청년기에 해당한다. 하지만 이 통계대로라면 많은 기업들이 한창 성장을 지속할 나이에 기업으로서의 수명을 다하고 사라지는 것이다.

이와 같은 통계가 의미하는 것은 국가든 기업이든 급격히 변화하는 시기에는 변화에 대한 지속적인 관리가 가장 중요한 과제라는 것이다. 이제 '저탄소 경제'라는 새로운 에너지 경제 시스템을 향한 이행 과정에서 그 대응 여부에 따라 새로운 승자 그룹과 패자 그룹이 탄생할 수밖에 없는 상황임을 우리는 직시해야 한다.

1장은 21세기 새로운 에너지 경제의 역사를 만들어 가고 있는 저탄소 경제로의 이행이 어떤 배경에서 '갈 수밖에 없는 길'이 되고 있는지, 그리고 어떤 모습으로 전개되고 있는지를 조망하고자 한다.

저탄소 경제란 무엇인가?

저탄소 경제의 도래가 세계의 부富의 지도를 바꾸게 할 거대한 변화임을 거듭 강조했다. 그렇다면 저탄소 경제의 도래는 어떤 모습으로 다가올 것인가?

우선 '저탄소화化'란 인류가 삶을 영위하고 경제 발전을 이루기 위해 의존해 온 에너지원의 트렌드에서 나타나는 특징 중 하나로 설명될 수 있다. 인류는 과거 나무라는 연료를 사용하다가 산업혁명과 더불어 1800년대 이후 석탄을 본격적으로 사용하게 된다. 석유가 본격적으로 사용되기 시작한 것은 1차 세계대전 이후로 엄밀한 의미에서 석유의 역사는 불과 한 세기 정도에 지나지 않는다.* 이후 천연가스를 병행해 사용하다가 궁극적으로 인류는 수소 경제로 나아갈 것이라는 점에(상용화되는 정확한 시기는 지금 시점에서 예측하기 어렵지만) 대부분의 에너지 전문가들은 동의한다.

인류가 의존해 온 주요 에너지원들의 수소 대비 탄소 비율을 보면 나무를 10이라고 했을 때 석탄은 2, 석유는 0.5, 천연가스는 0.25이며, 수소는 궁극적으로 탄소를 전혀 포함하지 않은 에너지원이다. 이러한 관점에서 에너지원의 트렌드 변화를 나타내는 특징 중 하나를 '저탄소화'로 설명할 수 있다.**

저탄소 경제란 주요 에너지원이 탄소를 덜 포함한 에너지원으로 이동하며, 그 결과 제반 경제 활동 과정에서 발생하는 탄소 배출량이 줄어드는 경제 시스템을 의미한다. 화석연료 시대는 양적 그리고 질적인 측면에서 위기를 맞고 있으며 이미 저탄소 경제로 진행하고 있다. 이에 대응하기 위한 각국의 정책적 노력들이 속속 결실을 맺으면서 탄소를 덜 배출하는 경제 구조로의 전환은 앞으로 더 빨라질 것으로 전망된다.

---

* 석유는 19세기 후반 램프 점화용으로 처음 사용되기 시작하였으며, 당시 엑슨(Exxon), 모빌(Mobil), 그리고 셸(Shell)을 포함한 주요 석유 회사들은 유럽과 북미의 증가하는 도시 인구에게 등유를 만들어 팔기 위해 설립되었다.

** 김경연, 『수소 혁명』(제러미 리프킨) 서평 자료(LG경제연구원). 김재윤 외, 「에너지 혁명: 연료전지 사업의 현황과 발전 전망」, 《삼성경제연구소 Issue Paper》(2004. 1. 12)에서 재인용.

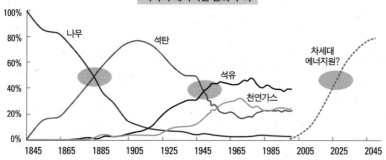

미국의 에너지원 변화 추이

나무

석탄

석유

천연가스

차세대
에너지원?

※출처: 미에너지정보국(EIA) 웹사이트. 김재윤 외, 「에너지 혁명: 연료전지 사업의 현황과 발전 전망」,《삼성경제연구소 Issue Paper》(2004. 1. 12.)에서 재인용.

6C, 에너지 트렌드를 바꾸다

저탄소 경제로의 이행 과정에서 무엇보다 주목을 끌고 있는 기술은 다름 아닌 녹색 기술이다. 1970년대 두 차례에 걸친 오일쇼크의 충격*을 계기로 석유 소비국들이 대안으로 주목했던 녹색 기술은 1980년대 중반 이후 기나긴 저유가 시대의 터널을 통과하면서 동면에 들어가야만 했다. 하지만 21세기에 들어 지속되고 있는 고유가와 기후 변화를 기폭제로 녹색 기술의 르네상스를 알리는 신호탄이 여기저기서 터지고 있다.

더구나 1, 2차 오일쇼크 이후에 등장했던 녹색 기술에 대한 투자가 화석연료에 대한 보조적인 대체 수단으로 각국 정부의 보조금이나 열성적인 환경 운동가들의 지지에 의존하였던 것과 비교하면, 최근의 녹색 기술

* 1차 오일쇼크 당시 원유 가격은 1973년 배럴당 2.8달러에서 1974년 10.9달러로, 2차 오일쇼크 때는 1978년 배럴당 13달러에서 1979년 35달러로 폭등했다.

돌풍은 화석연료의 보조적 수단을 넘는 대체적 수단으로 보다 광범위한 투자 열풍을 낳고 있다.

또한 이러한 녹색 기술 열풍을 일시적으로 지나가는 붐이 아니라 에너지 경제의 '혁명'으로 받아들여야 한다는 시각이 힘을 얻고 있다. 에너지 컨설턴트 론 퍼닉과 언론인 클린트 와일더는 기후 변화 문제에 대한 해결책을 제시할 녹색 기술이 거대한 비즈니스의 기회로 다가올 것임을 역설한다. 이와 동시에 앞으로 녹색 기술을 통해 인류의 에너지 문제에 대한 해결책을 제시할 기업은 막대한 수익을 향유할 것이라며 그 근거로서 6C를 제시하고 있다.[•]

6C란 비용Cost, 자본Capital, 경쟁Competition, 중국China, 소비자Consumer, 그리고 기후 변화Climate Change를 가리킨다. 이들이 제시한 6C의 관점을 필자 나름대로의 해석을 덧붙여 설명하면 다음과 같다.

첫째, 녹색 기술 성장의 최대 요인으로 꼽고 있는 것은 비용Cost 측면이다. 화석연료의 가격은 상승세를 보이는 반면 녹색 기술은 규모의 경제를 통해 비용이 줄면서 경제성을 확보하기 시작하고 있다는 점에 주목할 필요가 있다.

화석연료나 청정에너지의 비용은 크게 '연료 비용'과 '기술 비용'으로 구성된다. 연료 비용의 측면에서 보면 지난 2002~2008년간 화석연료의 가격은 급등한 반면 태양과 바람, 그리고 파도 등의 연료 비용은 주지하다시피 제로이다. GE제네럴일렉트릭의 전 에너지 부문 전략 사업 담당 부사장인 마크 리틀Mark Little은 "석탄, 천연가스, 석유 등의 가격 동향은 쉽게 예측하

• Ron Pernick & Clint Wilder, *The Clean Tech Revolution*(Collins Business, 2007), 5-18쪽.

기 어렵지만, 바람의 비용이 제로라는 것만큼은 확실하다."라고 단언하고 있다. 반면 청정에너지는 시장이 확대되고 효율이 개선되면서 규모의 경제를 통해 기술 비용이 줄어들고 있다. 그 결과 화석연료의 가격과 청정에너지의 가격은 급속히 수렴해 가는 현상을 보인다.

둘째는 자본Capital의 이동이다. 연료전지, 바이오 연료, 태양광 등 성공할 경우 천문학적인 수익을 가져다 줄 미래 에너지원의 기술 개발에 돈과 사람이 몰리고 있다. 새로운 기술과 산업은 기업의 설비 투자, 벤처캐피털 VC: Venture Capital, 정부 보조금, 프로젝트 파이낸싱, 주식시장을 통한 자금 등 돈이 몰리는 곳에서 태동하기 마련이다. 1, 2차 오일쇼크 직후의 녹색 기술에 대한 투자가 정부 주도의 연구 보조금에서 출발했다면, 최근의 녹색 기술을 둘러싼 투자 열풍은 이전의 상황과는 여실히 다르다. 막대한 자금력을 지닌 다국적 기업들이 새로운 성장 동력의 돌파구로서 녹색 기술 분야의 진출을 가시화하고 있다. 세계 최대 기업 GE가 '에코매지네이션 Ecomagination'을 화두로 2004년부터 매년 최대 15억 달러를 관련 분야에 투자하기로 한 것이나, 도요타Toyota가 2006년 80억 달러 규모의 막대한 연구 개발비 중에서 그 대부분을 녹색 기술 분야에 할당했다는 사례에서 이를 잘 알 수 있다. 그뿐만이 아니다. 녹색 기술은 이미 벤처 투자의 최대 분야로도 부상하고 있다. IT 산업의 산실인 실리콘밸리Silicon Valley가 솔라밸리 Solar Valley, 그린밸리Green Valley로 변신하고 있다는 언론 보도도 심심찮게 눈에 띈다. 실제로 북미 벤처 시장의 녹색 기술 투자액은 2003~2005년 동안 누계 액인 약 64억 달러 수준에서 2006~2008년까지의 3년간은 약 100억 달러에 이른 것으로 평가되고 있다.

셋째는 경쟁Competition 측면이다. 최근 녹색 기술의 유치를 위한 경쟁은 각국 정부는 물론 지자체 차원에서도 크게 확대되고 있다. 에너지 안보라는 국가 차원의 거대 목표를 떠나서라도 지역 경제의 활성화와 고용 창출을 위해 지방정부를 중심으로 적극적인 녹색 기술 유치 경쟁이 벌어지고 있다.

덴마크는 풍력발전으로 국내 전력의 20퍼센트 가까이를 충당하고 있다. 미국의 몇몇 주정부도 전력량의 일부(많은 경우 총 전력량의 20~25퍼센트)를 태양광, 풍력, 지열 등 재생에너지로 충당할 것을 의무화하고 있는데, 2004년에는 콜로라도 주가, 2006년에는 워싱턴 주가 이와 같은 내용의 법안을 가결한 바 있다.

넷째는 중국China 변수이다. 녹색 기술의 열풍은 EU, 일본, 미국 등 선진국에 그치지 않고 중국과 인도 등 신흥개발도상국으로까지 확산되고 있다. 특히 그 중심에 있는 것은 다름 아닌 중국이다. 중국에서는 2020년까지 4억 명 이상의 인구가 농촌에서 대도시로 이주할 것으로 예측되고 있다. 녹색 기술을 적절히 활용하지 않는 이상 에너지 소비의 새로운 주역으로 떠오를 이 새로운 중산층을 지탱하면서 지속 가능한 발전을 이루기는 어려울 것이라는 점은 중국 정부도 인식하고 있는 바이다. 특히 2002년 이후 가속화되고 있는 에너지 폭식형 경제 성장에 종지부를 찍지 않는 이상 중국의 급증하는 에너지 소비를 감당할 에너지 공급은 턱없이 부족할뿐더러 환경오염과 생태계 파괴에 따른 경제적 비용도 감내하기 어려운 상황이다. 에너지 부족과 환경오염에 대한 중국 정부의 인식은 이미 2006년부터 시작된 「11차 국가 5개년 계획」에서 여실히 나타나고 있다. 중국 정부는 이제까지의 양적 성장 방식에서 벗어나 질적 성장으로의 전환을 표명했으며, 2006년에는 향후 15년간 최대 1800억 달러약 210조 원를 투입해 국내 청정에너지 목표를 달성하겠다고 발표했다. 2010년까지 재생에너지를 통한 발전량을 60기가와트GW로, 2020년까지는 120기가와트로 확대할 계획이다. 이 계획이 달성될 경우 2020년에는 총 발전량의 10퍼센트 이상이 청정에너지로 충당될 것으로 보인다.

다섯째는 소비자Consumer의 의식 변화이다. 유가 급등, 환경오염과 기후 변화 등으로 인한 소비자들의 의식 변화는 정치인의 정책 노선에서 기업의 마케팅 전략에 이르기까지 폭넓은 변화를 야기하고 있다. 유권자들의 환경 의식이 높아지면서 이들의 표를 의식한 정치인들은 표면적으로라도 '그린 리더green leader'로의 변신을 꾀하지 않을 수 없는 상황이 되고 있다. 나아가 소비자들의 그린 제품에 대한 선호도의 증가는 향후 기업의 제품 전략과 마케팅에까지 위력을 발휘할 것으로 보인다.

여섯째는 기후 변화Climate Change라는 변수이다. 화석연료가 연소할 때 발생하는 온실가스가 지구의 온도를 상승시키고 이로 인해 심화되는 태풍, 혹서, 혹한 등의 기후 변화가 지구 생태계에 회복 불가능한 치명상을 입힐 것으로 예상되면서 세계 각국은 이를 방지하기 위한 규제 마련에 나서고 있다.

저자는 고유가의 장기화로 인한 비용, 즉 경제성의 변화와 기후 변화야말로 화석연료 위주의 에너지 경제 시스템으로부터 저탄소 경제로의 이행을 촉진시키고 녹색 기술의 미래를 좌우할 가장 큰 변수로 작용할 것이라고 확신한다. 에너지 경제 시스템의 변화는 각국 정부의 정책은 물론 기업의 비즈니스 환경과 인류의 삶의 양식을 근본적으로 변화시킬 것이며, 이는 녹색 기술을 중심으로 거대 시장으로의 도약을 가져오는 기폭제가 될 것이다.

녹색 기술의 세 가지 방향

그렇다면 향후 녹색 기술의 구체적인 방향은 어떻게 전개될까?

첫 번째 방향은 화석연료를 대체할 수 있는 수소·연료전지, 태양광, 바이오 연료 등 청정에너지에 대한 기술 개발이다. 태양광 분야에서 주도권을 잡고 있는 일본은 2010년까지 원전 약 5기에 해당하는 태양광 설비를 보급할 계획이며 수소 연료전지에 과감한 투자를 하고 있다. 캐나다는 기술력을 바탕으로 수소 연료전지 개발 경쟁에 본격적으로 나섰으며 정부 주도로 연료전지, 수소 저장 용기, 시험 장비 등을 중심으로 세계 최고 기업을 육성하고 있다. 신재생에너지 개발 및 보급에 가장 적극적인 EU 역시 1차 에너지 중 재생에너지 비율을 1997년 6퍼센트에서 2010년까지 12퍼센트로 배증시킨다는 목표를 설정했다. 스웨덴은 2020년까지 석유로부터 완전히 벗어나겠다며 "석유로부터의 독립"을 선언했다. 발전 연료의 3분의 1을 재생에너지로 대체하고 수송 부문은 바이오 연료로 대체하겠다는 계획이다.

둘째는 화석연료를 포기하는 것이 아니라 기존의 화석연료를 깨끗한 에너지로 탈바꿈시키는 청정 기술이다. 대표적인 것이 청정 석탄이다. 석탄은 값이 싸고 매장량이 풍부하다. 또한 석유처럼 특정 지역에 편재되어 있지 않아 조달이 쉽고 에너지 안보 측면에서도 우위성을 지니고 있다. 다만 최대의 취약점은 연소할 때 CO_2이산화탄소 등 환경오염 물질을 다량 배출하여 지구 환경을 악화시킨다는 점이다. 따라서 석탄에서 탄소를 떼어 내어 깨끗하게 만드는 기술이 전제된다면 석탄은 청정에너지로 거듭날 수 있다.* 미국은 석탄의 부활을 위해 가스화복합발전IGCC: Integrated Gasification

Combined Cycle과 퓨처젠Future Gen 계획을 비롯하여 다양한 기술 개발을 적극 추진하고 있다. 한편 석탄을 액화시키는 석탄 액화 기술CTL: Coal to Liquid도 상용화를 위한 적극적인 연구 개발이 이루어지고 있어 수송용 연료로서의 기대가 높아지고 있다.

셋째는, 기존의 산업 분야에서 에너지 효율을 높일 수 있는 기술, 다시 말해 산업의 그린화 기술이다. 최근 선진 각국이 내놓고 있는 에너지 정책을 주의 깊게 들여다보면 이제 각국 정부가 고유가와 온실가스 감축에 대비하기 위한 가장 현실적인 대안의 하나로 에너지 효율에 주목하고 있다는 점을 알 수 있다. 에너지 효율 개선을 위한 기술 개발은 공장, 도로, 상업용 건물 등을 유전이나 가스전으로 바꾸게 하는 효과가 있다. 따라서 에너지 자원의 확보뿐만 아니라 확보된 자원을 어떻게 효율적으로 이용하는 시스템을 갖출 것인가의 문제와 이를 위한 다양한 산업 부문의 에너지 효율화 기술이 에너지 부문의 경쟁력을 가늠할 주요 잣대로 떠오를 것이다.

• 무공해 석탄 에너지의 세계 시장 규모는 2013년에 1조 9900억 달러, 2018년에는 2조 1635억 달러로 확대될 것으로 예상된다. 미래기획위원회, 『녹색 성장의 길: 무엇을 어떻게 준비해야 하나』 (중앙북스, 2009년).

2 화석연료 시대의 양적 도전

에너지 수급의 딜레마

산업혁명 이후 인류는 석유와 석탄, 천연가스 등 화석연료에 의지하여 경제 성장의 과실을 향유하고 삶의 질을 향상시켜 왔다. 화석연료에 의존하고 있는 현재의 경제 시스템은 과연 지속 가능한 것일까? 2002년 이후 유가 급등세가 장기화되는 가운데 에너지 수급 측면에서 화석연료 중심의 에너지 경제가 지속 가능한가에 대한 우려의 목소리가 커지고 있다.

문제를 단순화시켜 보면 다음과 같다. 첫째, 급증하는 인구의 문제다. 전 세계 인구는 2010년 1월 현재 약 68억 명이다. 2025년이면 세계 인구는 약 80억 명으로 증가하게 될 것으로 전망된다. 유럽과 일본 등 저출산 고령화로 인해 인구가 감소세로 전환된 지역도 있지만, 개발도상국과 이슬

람 국가 등의 인구 증가로 전 세계 인구는 빠르게 늘어나고 있다.

둘째, 중국과 인도와 같은 거대 인구국이 본격적인 경제 성장기에 들어섰다는 점이다. 이들 국가들의 경제 성장은 에너지 소비를 담보로 해서만이 가능하다.

셋째, 중국과 인도 등 거대 인구국이 경제 성장을 지속하는 과정에서 수많은 글로벌 중산층이 탄생하게 된다. 이들은 이제 기본적인 소비 욕구의 충족과 함께 보다 높은 삶의 질을 추구하면서 에너지 소비의 새로운 주역으로 부상할 것이다. 일례로 인구 100명당 자동차 보유 대수를 비교해 보면 미국은 여든네 대, 한국은 서른네 대, 중국은 세 대이다. 중국이 거대 중산층의 태동과 함께 자동차 보유 대수가 100명당 스무 대로만 증가하더라도 전 세계 수송용 연료에 비상이 걸리게 될 것임은 자명하다. 이 에너지를 과연 어디서 구할 것인가?

기술이 해결해 줄 수 있을 것이라는 낙관론적인 시각도 물론 존재한다. 주지하다시피 1970년대에도 인류가 사용할 수 있는 석유는 향후 40년 정도라고 했지만 40년이 지난 현 시점에도 이용 가능한 석유의 양이 앞으로도 40년쯤 더 남았다는 것이 통계로 발표되고 있다. 그동안 기술의 발전으로 확인되지 않던 매장량을 발견한 것이 주된 요인이다. 따라서 앞으로도 기술이 해결할 수 있는 문제가 아닐까라는 의견이 존재하는 것도 무리는 아니다. 더욱이 기술의 발전이 이제까지 인류의 전망과 상상을 초월해 훨씬 더 빠른 속도로 이루어져 왔음을 고려하면 더욱더 그러하다.

하지만 기술적 낙관론은 땅속의 문제만을 볼 뿐, 땅 위의 문제는 간과하고 있음을 지적하고 싶다. 2000년 이후 매장량이 제한된 화석연료를 둘러싸고 자원 보유국에서는 자원 내셔널리즘resources nationalism이 고조되

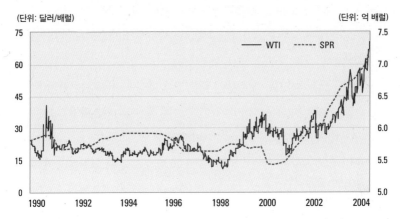

국제 유가(WTI 기준)와 미국의 전략비축유(SPR) 추이

(단위: 달러/배럴)

(단위: 억 배럴)

—— WTI   ----- SPR

※출처: 김현진 외, 「석유 시장 Big Player 동향과 유가 전망」, 《삼성경제연구소 CEO Information》
(2005. 10. 26.)

는 한편 에너지 수요국은 치열한 자원 확보 경쟁을 벌이고 있다. 중동, 러시아, 남미 등에서는 자원 산업에 대한 국가 통제가 강화되는 한편 미국, 중국 등 거대 에너지 소비국들은 지속 가능한 경제 성장의 전제 조건이 될 에너지 확보에 국가적 사활을 걸고 달려들고 있다. 에너지의 수요와 공급 양 측면에서 시장의 기능이 약화되고 전략적 확보가 관건이 되고 있다는 사실이 에너지 위기를 더 부추기고 있다.

에너지 확보 경쟁

지난 2007년 국제에너지기구IEA는 2030년까지 세계 에너지 수급을 전망한 「세계 에너지 전망 보고서」를 발간했다.* 석유, 석탄, 천연가스 등 에너지 원별로 2030년까지 수급 전망을 제시하고 있는 이 보고서는 중국과 인도가 향후 세계 에너지 수급의 가장 결정적인 변수가 될 것을 강조하고 있다.

가장 눈에 띄는 부분은 바로 2030년까지의 석유 수요 전망이다. 이 보고서에 따르면 2030년까지 석유 수요는 약 3200만b/d배럴/일 증가할 것으로 예측된다. 3200만b/d라는 수치는 어느 정도에 해당하는 것일까?

세계 최대의 석유 생산국은 사우디아라비아**이다. 이곳의 유전 지대를 돌아본 미국의 한 저널리스트는 "에너지의 신이 존재한다면 바로 이곳에 계실 것이다."라는 말로 석유의 절대적 매장량과 생산량을 과시하는 사우디의 위력을 압축하여 평가한 바 있다. 그렇다면 최근 사우디의 원유 생산량은 어느 정도일까? 약 1100만b/d 수준이다. 이 통계대로라면 2030년까지 증가하는 석유 수요를 충족시키기 위해서는 약 세 개의 사우디아라비아가 추가적으로 필요하다는 계산이 나온다.

그렇다면 이 에너지를 어떻게 충족시킬 것인가? 미국, 중국, 일본 등 거대 에너지 소비국들의 에너지 안보에 대한 고민은 바로 이런 근본적인 질문에서 시작된다. 그리고 그 고민에 대한 해답은 자국의 에너지 안보를 강화하기 위해 자원 확보에 올인하는 현상으로 나타나고 있다.

---

* IEA의 에너지 전망은 매우 보수적으로 평가할 수 있다. IEA는 2009년 11월 발간한 「세계 에너지 전망 보고서(World Energy Outlook 2009)」에서 2030년이 되어도 화석연료가 세계 에너지원의 80퍼센트를 차지할 것으로 전망하고 있다.

** 사우디아라비아는 세계 석유 확인 매장량 1조 2000억 배럴의 4분의 1에 해당하는 2600억 배럴의 석유를 보유한 자원 대국이다. 석유 생산량은 1980년 1000만b/d를 초과하였으나, 1980년대 중반에 유가 급락으로 인한 생산량 감축과 OPEC의 감산 정책으로 800~900만b/d 수준을 유지해 왔다. 2000년대 이후 고유가 지속과 함께 사우디의 생산량은 1100만b/d 수준까지 회복했다.

미국은 9·11 테러 이후 유가가 급등하는 와중에도 전략비축유SPR: Strategic Petroleum Reserve를 1억 5000만 배럴가량 추가로 충당해서 2006년에는 7억 배럴까지 확충했다. 2007년 연두교서에서 부시 대통령은 앞으로 20년 동안 전략비축유를 15억 배럴까지 늘려 나가겠다는 방침을 표명했다.

유가 급등으로 다급해진 중국은 지난 몇 년간 국가적 역량을 총동원하여 에너지 자원 확보에 매진했다. 시장 가격을 도외시한 채 유전 매입에 주력한 중국의 사재기로 인해 유전 가격은 불과 몇 년 만에 서너 배 이상 폭등하기에 이르렀다. 특히 지속 가능한 경제 성장을 위한 에너지 확보에 국가적 사활을 건 중국 정부의 행보는 여타 에너지 거대 소비국을 자원 확보 경쟁에 뛰어들게 만드는 자극제가 되고 있다. 중국의 이러한 거침없는 행보에 자극받은 자원 소국 일본도 자원 확보 경쟁에 뛰어들었다. 2006년 일본 정부가 발표한 '신新국가 에너지 전략'*에 의하면 2030년까지 자주 원유 개발률을 40퍼센트까지 끌어올릴 계획이다. 우리나라 역시 2008년 국가 에너지 기본 계획에서 2030년까지 자주 원유 개발률 40퍼센트를 목표로 설정하고 있다.

반면 중동을 비롯해 러시아, 남미, 아프리카 등 자원 보유국에서는 자원 내셔널리즘이 확대되면서 에너지 산업에 대한 국가 통제가 강화되고 있다. 러시아는 2004년 국영 로스네프트에 의한 유코스 사러시아 2위의 민영 석유 회사 인수, 2005년 국영 가즈프롬의 시브네프트러시아 5위의 석유 회사 매수 등 에너지 산업의 국영화를 적극 추진하고 있다.** 한편 2006년 1월에는 우크

• 経済産業省資源エネルギー庁,「新国家エネルギー戦略」, 2006年.
•• 러시아는 원유 매장량 600억 배럴(세계의 5.7퍼센트), 천연가스 매장량 1680조㎥(세계의 30.5퍼센트)를 보유한 자원 대국으로 천연가스가 석유에 이어 주요 에너지원으로 급부상하면서

라이나에 대해 천연가스의 가격을 세 배 이상 인상하면서 가스 공급을 중지시킨 바 있다. 2007년 초에는 러시아와 벨로루시 사이의 송유관 분쟁으로 인해 러시아로부터의 원유 공급이 일시적으로 중단된 서유럽 국가들이 에너지 비상 사태에 빠졌다. 또한 사할린 원유 및 천연가스 개발 사업에 참여하고 있던 외자계 기업들도 러시아 정부의 자원 민족주의에 손을 들었다. 영국계 로열더치셸과 일본의 미쓰이, 미쓰비시 등은 러시아 정부의 압력에 못 이겨 사할린 II 프로젝트 지분의 절반을 가즈프롬에 넘겼고, 가즈프롬은 최대 주주로 등극했다. 에너지 산업의 국가적 통제는 러시아만의 일이 아니다. 베네수엘라, 카자흐스탄, 알제리 등 다른 자원 보유국들도 일제히 환경 보호 등을 이유로 외자계 기업들의 자원 개발 참여를 제한하고 에너지 산업의 국영화를 서두르고 있다. 이로 인해 석유 메이저들은 최근 수년간 사상 최고의 고수익을 달성했음에도 불구하고 상류 자산에 대한 신규 투자 부족으로 향후 공급을 제약하는 결과가 나타났다. 이는 자유로운 경쟁을 통한 자원 개발의 확대라는 시장 논리를 왜곡시켜 자원 가격의 추가 급등을 야기할 가능성을 낳고 있다.

이와 같은 '에너지의 정치화'는 21세기 세계 에너지 안보를 위협하는 최대 리스크 요인으로 떠오르고 있으며, '시장 상품'으로서의 에너지보다 '전략 상품'으로서의 에너지가 더 강조되기 시작하는 계기를 만들고 있다.

자원 대국으로의 입지가 강화되어 왔다. 강한 러시아의 부활을 지향하는 블라디미르 푸틴 전 대통령은 에너지를 통한 영향력 확대를 모색하면서 전략 산업인 석유 및 가스 산업의 국영화 등 자원에 대한 국가 통제를 강화했다.

시장 상품에서 전략 상품으로

1차 세계대전 당시 윈스턴 처칠은 영국 해군 함정의 연료를 석탄에서 석유로 전환시켰다. 이것을 계기로 주요 교전 당사국들이 전투, 정찰, 병참 등 석유를 연료로 하는 수송 수단을 사용하기 시작하면서 석유는 전쟁 수행의 필수 자원으로 부상하였다. 전쟁 수행에 일대 혁명을 일으키게 된 석유를 확보하기 위해 세계 각국은 잇달아 국영 석유 회사를 설립하였으며, 석유 생산지를 둘러싼 쟁탈전이 시작되었다.

1970년대 발생한 두 차례의 오일쇼크는 석유에 대한 각국의 필사적 욕구를 더 강화시켰다. 불과 오륙 년 만에 열 배로 치솟은 석유 가격의 폭등으로 세계 경제는 대불황에 빠졌고, 석유 소비국과 생산국 사이에 막대한 부의 이전이 이루어졌다. 이후 석유는 군사적인 전략 물자뿐만 아니라 경제적 안정을 위한 필수 재화로서 각국의 전략적 확보와 비축의 대상이 되면서 '전략 상품'으로 급부상한다.

한편 1980년대 후반 이후 국제 석유 시장이 발달하고 15년 이상 저유가 시대가 지속되면서 석유가 지니는 '전략 상품'으로서의 기능이 약화되는 동시에 '시장 상품'으로서의 기능이 강조되기 시작했다. 이제 석유는 유통성이 뛰어난 국제 시장 상품으로 저장 탱크만 가지고 있으면 세계 어느 곳으로부터라도 자유롭게 조달 가능한 물품이라는 인식이 팽배하게 된 것이다.

하지만 2001년 미국의 9·11 테러 이후 다시 '에너지의 정치화'라는 물결이 거세지면서 '전략 상품'으로서의 석유의 기능이 강조되고 있다. 국제 석유 시장의 안정화를 도모해 왔던 미국-사우디아라비아 간의 에너지 동맹

관계에 금이 가면서 새로운 석유 공급원이 필요해진 미국은 이라크의 석유를 통제하려는 전략을 수립하였고 세계 최후의 미탐사, 미개발 유전 지대인 카스피 해와 시베리아 유전을 둘러싼 에너지 소비국들의 각축도 심화되고 있다.

낙관론 vs. 비관론

지난 2002년 이후 2008년 7월까지 국제 유가WTI 기준*는 기록적인 상승세를 지속했다. 2002년 배럴당 20달러 대 초반에 불과했던 국제 유가는 2008년 1월 사상 처음으로 세 자릿수 대에 진입했으며, 같은 해 7월에는 배럴당 150달러까지 근접하면서 유가 200달러 시대가 머지않았다는 비관론이 시장을 뒤흔들었다. 하지만 2007년 미국발 서브프라임 모기지 사태**의 파장이 전 세계 실물경제에까지 미치기 시작하자 국제 유가는 급속히 하락했다. 2009년 초에는 배럴당 30달러 대 중반까지 급락하면서 석유 시장의 거품이 꺼지기 시작했다는 낙관론이 급속히 고개를 들게 되었다.

2002년 이후의 국제 유가 상승세에 대해 낙관론자들은 석유 시장 거품

---

* WTI(Western Texas Intermediate: 서부텍사스산중질유)는 중동산 두바이(Dubai)유, 북해산 브렌트(Brent)유와 더불어 세계 3대 지표 유종의 하나이다.

** 서브프라임모기지론(Subprime mortgage loan)은 미국의 비우량 주택 담보 대출을 말한다. 2000년 이후 유동성 과잉과 저금리에 따른 부동산 가격 급등에 편승한 대부업체들 간의 과다 경쟁으로 인해 서브프라임모기지가 급증했다. 그러나 2007년부터 집값 하락과 금리 인상이 지속되자 원리금을 갚지 못한 저소득층이 급증하여 미국의 거대 대부업체들이 파산했고, 이는 연쇄적으로 금융 시장에 영향을 미치면서 세계 금융 위기를 초래했다.

론을 제기하며 이 거품이 꺼질 경우 유가 폭락은 불가피할 것이라는 의견을 제시해 왔다. 심지어 국제 유가가 2004년 배럴당 40달러 대를 갓 넘기 시작한 시점에도 유가에 거품이 끼었다는 지적은 끊이지 않고 제기되었다. 석유 시장을 낙관적으로 보는 이들의 시각은 기본적으로 가격이 상승하면 수요는 줄고 공급은 증가하게 되어 가격은 다시 균형점을 찾게 된다는, 이른바 경제학 원론에 충실한 입장을 보인 것이다. 하지만 국제 유가가 배럴당 100달러, 120달러를 넘어섰을 당시에도 유가 상승으로 인한 세계 경제에 미치는 영향과 수요 감소는 극히 제한적인 것이었다.

상황이 반전된 것은 글로벌 경기 침체가 본격화되기 시작한 2008년 하반기부터이다. IEA국제에너지기구는 2008년 12월 보고서에서 세계 석유 수요가 2007년 대비 약 20만b/d가량, 그리고 2009년에는 약 45만b/d가량 줄어들 수 있다고 전망했다. 국제 석유 수요가 감소세로 돌아선 것은 1983년 이후 처음이다. 심지어 세계은행World Bank은 「세계 경제 전망: 기로에 선 원자재 시장」이라는 보고서에서 "2003년부터 5년간 지속된 원자재 시장의 '수퍼사이클Super Cycle' 초호황은 끝났다."라고 단언하기에 이르렀다. 글로벌 차원에서 경제 성장률이 급락하면서 석유 수요가 줄게 되면 유가 하락은 불가피하다는 것이다.

반면 석유 시장에 대한 비관론자들의 시각은 기본적으로 '저유가 시대의 반란'이라는 입장에서 시작되었다. 비관론을 제시해 온 대표적 기관인 투자은행 골드만삭스는 '수퍼 스파이크super spike' 원자재 가격의 장기 급등 사이클론으로 유가 100달러 시대를 가장 먼저 경고했으며, 유가가 배럴당 100달러를 넘어선 시점에서는 다시 향후 6개월에서 2년 이내에 유가 200달러 시대가 올 것을 경고하는 보고서를 내놓아 주목을 끌었다. 이들은 석유 시장의 구조적인 수급 불균형이 해소되기 어렵다는 점과 지정학적 불안, 투기 자금의 영향 등으로 지속적인 상승 가능성을 경고해 왔다. 특히 시장의 구조적인 수급 불균형은 '저유가 시대의 반란'의 측면이 크다는 것이 이들의 주장이다.

1, 2차 오일쇼크 이후 고공 행진을 지속하던 국제 유가는 1986년 대폭락을 계기로 이후 2000년대 초반까지 배럴당 10~20달러를 벗어나지 못했다. 이 기간 중 석유 시장은 상류 부문원유의 탐사와 생산, 하류 부문정유 및 판매와 수송을 불문하고 투자가 제대로 이루어지지 않았을뿐더러 석유 소비국의 에너지 경제는 석유 다소비 체질로 변모해 갔다. 그 결과 2000년 이후 급증하는 석유 수요를 공급 및 정제 능력이 따라가지 못하게 되고 값싼 석유에 익숙해진 석유 소비국들의 경제 체질이 에너지 다소비형으로 변화함으로써 수요의 가격 탄력성은 극히 저하되었다는 것이다.

이와 같이 석유 시장의 향방을 둘러싸고 최근의 약세장이 지속될지, 아니면 단기 조정을 거쳐 중장기적으로 다시 상승하게 될지 비관론과 낙관론이 교차하고 있는 가운데 중장기적인 석유 시장을 전망해 보기 위해서는 국제 석유 시장의 향방을 좌우할 변수를 찾아내어 검토하는 것이 보다 유익한 판단의 근거를 제공할 것이다.

국제 석유 시장의 세 가지 변수

지난 수년간 유가가 급등한 원인인 동시에 향후 국제 석유 시장의 향방을 좌우할 변수로는 크게 세 가지 관점이 존재한다.

첫째는 '피크오일론'으로 상징되는 시각으로 전 세계 석유 생산량이 이미 정점을 지났으며 이로 인해 향후 펀더멘털 차원에서 수급 압박이 불가피하다는 것이다. 이른바 유가 상승의 원인을 땅속에서 찾는 시각이다.

둘째는 '석유의 정치화'로 인해 석유 시장이 정상적인 시장 기능을 상실했다는 지적이다. 가격의 안정보다 에너지의 안전 보장을 내세우며 석유 확보에 매진하는 석유 소비국들과 외국 자본을 배척하고 자원 통제를 강화하는 자원 공급국의 전략으로 인해 시장 논리에 따른 정상적인 수급이 이루어지지 않고 있음을 강조한다. 자원의 편재와 편재된 자원을 둘러싼 땅 위에서의 확보 전쟁에서 유가 상승의 원인을 찾고 있다고 볼 수 있다.

셋째는 달러화 약세와 저금리를 바탕으로 한 석유 시장으로의 투기 자금 유입 등이 유가의 변동성을 확대시키고 있다는 시각이다. 즉 석유 가격이 실물시장에서 벗어난 금융 공간에서 추가 상승과 하락을 야기하면서 석유 시장이 카지노화되고 있다는 점을 말한다.

땅속이 문제다: 지질학적 관점에서

유가 향방의 첫 번째 변수는 지질학적 측면이다. 이른바 땅속의 자원 매장량 자체의 문제로, 유가 급등기마다 빼놓지 않고 등장하는 '피크오일론'이 대표적이다. 이는 세계 원유 생산이 정점을 지나 감소세로 전환될 경우 석유 수급에 근본적인 문제가 발생할 수 있다는 주장이다.

석유 지질학의 역사에서 매우 중요한 위치를 차지하는 킹 허버트M. King Hubbert 박사는 1956년 미국의 석유 생산이 1970~1973년 사이에 정점에 달

M. 킹 허버트 박사

한 이후에 하락할 것이라고 주장했다.* 이후 미국의 석유 생산이 실제로 1970년을 정점으로 하락 추세를 보이면서, 석유의 생산량은 종 모양의 곡선을 따라 가속도가 붙으면서 증가하다가 매장량의 중간치쯤의 지점부터 갑자기 급락한다는 허버트의 종형곡선 이론은 일약 유명세를 타게 되었다. 이후 프린스턴 대학교의 케네스 데페이에스Kenneth S. Deffeyes 교수는 허버트 곡선을 전 세계 유전에 적용한 결과 2008년 이내에 세계 석유 생산이 정점에 달할 것이라는 경고를 하여 또다시 주목을 받고 있다.

• 킹 허버트는 1956년 「원자력과 화석연료(Nuclear Energy and the Fossil Fuels)」라는 논문에서 허버트 모델을 사용하여 미국의 마흔여덟 개 지역에서 1970~1973년 중 석유 생산의 고점이 도래할 것이라는 전망을 제시했다. 실제로 같은 기간 동안 알래스카 지역의 석유 개발에도 불구하고 미국의 석유 생산이 감소하면서 허버트 모델은 큰 관심을 받게 되었다.

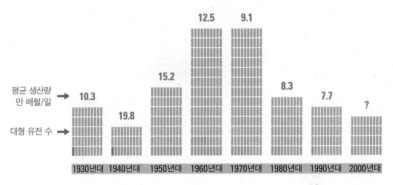

대형 유전 수 및 평균 생산량 추이

평균 생산량
만 배럴/일 →

대형 유전 수 →

| 10.3 | 19.8 | 15.2 | 12.5 | 9.1 | 8.3 | 7.7 | ? |

1930년대 1940년대 1950년대 1960년대 1970년대 1980년대 1990년대 2000년대

※ ▌은 초거대 유전으로 500억 배럴 이상, ▌은 거대 유전으로 50-500억 배럴 이상, ▌은 대형 유전으로 5-50억 배럴 이상

한편 사우디아라비아의 국영 석유 회사인 사우디아람코Saudi Aramco의 탐사팀장이었던 후세이니 씨는 전 세계 250여 개소의 대형 유전을 조사한 결과 신규로 발견되는 대형 유전이 급감하고 있으며, 세계 주요 유전의 생산량 역시 이미 1990년대 이후 감소하고 있다고 주장했다.

"석유 시장의 파티는 끝났다."는 피크오일론에 대해서는 반론도 만만치 않다. 석유의 확인 매장량은 탐사 및 개발 기술의 발전에 힘입어 과거보다 오히려 증가해 왔으며, 앞으로도 첨단 기술의 활용을 통해 상쇄할 수 있다는 것이다. 이들은 석유 시장의 문제는 더 이상 땅속의 문제가 아니라는 점을 강조한다.

땅 위의 문제다: 지정학적 관점에서

유가 향방의 두 번째 변수는 지정학적 측면으로, 유가 상승의 원인을 땅속이 아닌 땅 위에서 찾는 시각이다. 제한된, 그리고 지역적으로 편재된 석유를 차지하기 위한 각국의 자원 확보 전략, 즉 '자원의 정치화'로 인해 석유 시장이 정상적인 시장 기능을 상실하게 되고 이것이 유가 상승을 야기하고 있다는 것이다. 이와 같은 시각에서 석유 시장을 전망하기 위해서는 수급 등 펀더멘털 측면의 통계와 함께 석유 시장에 참여하는 주요 행위 주체들의 전략과 움직임을 함께 분석하는 것이 보다 유효하다.

다음 도표를 참조하여 시간의 축을 길게 보면 2차 세계대전 이후 현재에 이르기까지 국제 석유 시장은 크게 4기로 나누어 볼 수 있다. 국제 석유 시장의 1기는 2차 세계대전 이후 1970년대 중반까지로 이 시기에는 '세븐 시스터스Seven Sisters* '로 통칭되던 석유 메이저* *가 석유 시장의 가격 결정권을 독점적으로 쥐고 있었다. 국제 석유 시장의 2기는 1, 2차 오일쇼크를 거쳐 유가가 대폭락을 기록하는 1986년까지의 기간으로 1차 오일쇼크를 계기로 석유 시장의 가격 주도권은 석유 메이저에서 OPEC 석유수출국기구* * *로 넘어가게 된다. 국제 석유 시장의 3기는 OPEC의 분열에 따른 공급 과잉으로 국제 유

• 엑슨(Exxon), 셸(Shell), BP, 걸프(Gulf), 텍사코(Texaco), 모빌(Mobil), 소칼(Socal)의 7개사. 2차 세계대전 이후 1970년대 중반까지는 석유 메이저가 시장을 지배하면서 고시가격(Posted Price) 방식을 적용했다.

•• 석유 메이저란 석유의 상류 부문(탐사, 채굴, 생산)에서 하류 부문(수송, 정제, 판매)까지를 통괄하는 막대한 자본력과 기술력을 보유한 국제 석유 자본을 통칭한다.

••• OPEC(오페크) 회원국은 2010년 2월 현재 중동 6개국(사우디아라비아, 쿠웨이트, 아랍에미리트연합, 카타르, 이란, 이라크), 아프리카 4개국(나이지리아, 리비아, 알제리, 앙골라), 남아메리카 2개국(베네수엘라, 에콰도르) 등 12개국이다. 인도네시아는 2008년 OPEC에서 탈퇴했다.

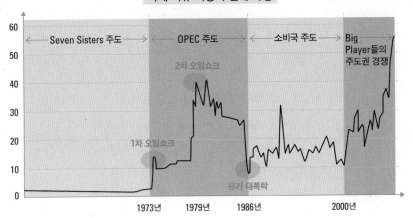

국제 석유 시장의 전개 과정

※출처: 김현진 외, 「석유 시장 Big Player 동향과 유가 전망」, 《삼성경제연구소 CEO Information》 (2005. 10. 26.)

가가 폭락한 1986년부터 2000년까지의 시기로 석유 시장은 배럴당 10~20 달러 대의 초저유가 시대를 맞이하게 된다. 약 15년에 걸쳐 지속된 이 시기에 는 석유 소비국들이 값싼 석유를 마음껏 향유하면서 국제 석유 시장의 주 도권을 쥐게 된다.

하지만 4기에 해당하는 2000년 이후 국제 석유 시장은 이전과는 사뭇 다른 양상을 띠게 된다. 가장 큰 특징은 과거 국제 석유 시장의 주도권이 석유 메이저(1기)에서 석유 생산국(2기), 그리고 석유 소비국(3기)으로 옮겨 왔다면, 2000년 이후에는 뚜렷한 주도 세력이 없는 가운데 석유 시장을 둘러싼 주도권 다툼이 훨씬 더 치열해지고 있다는 점이다.

수요 측면에서 보면 이제까지는 미국이 전 세계 에너지의 4분의 1을 소 비하면서 국제 석유 시장에서 독보적으로 거대 수요국의 지위를 차지했 지만 또 하나의 거대 에너지 소비국으로 중국이 등장하면서 미국과 중국 간에 석유 확보를 위한 치열한 경합이 벌어지게 되었다. 일례로 미국은 2001년 9·11 테러 발생 이후 유가가 급등하는 와중에도 전략비축유를 5억 5000만 배럴에서 2006년 7억 배럴까지 1억 5000만 배럴이나 더 사들였다. 중국 역시 2003년 이후 국영 석유 회사를 앞세워 전 세계 유전들을 시장 가격을 무시한 채 사들이기 시작했으며, 그 결과 세계의 생산 유전 가격이 수년 만에 서너 배가량 폭등하는 결과를 초래하기까지 했다. 이와 같이 거대 에너지 소비국이자 수입국인 미국과 중국이 '유가 안정'이라는 윈윈win-win의 선택에서 벗어나 자국의 에너지 안보를 우선시한 무리한 에너지 확보 전략으로 인해 석유 시장을 혼돈에 빠뜨리는 결과를 초래하게 되었다.

그렇다면 미국과 중국 등 거대 에너지 소비국들은 왜 유가 안정이라는 공통의 이해 대신 자국의 에너지 안보 확보에 매달리는 우愚를 범하고 있는 것일까? 이 질문에 대한 해답을 찾기 위해서는 이들 국가들이 처해 있는 에너지 경제의 현 상황과 미래의 모습을 주의 깊게 살펴볼 필요가 있다.

미국은 1980년대부터 국내 생산량은 저하하는 한편 소비는 지속적으로 증가한 결과 석유 수입 의존도가 급속히 증가하고 있다. 1980년 40퍼센트 수준에 불과했던 미국의 석유 수입 의존도는 2015년에는 69퍼센트 수준까지 증가할 것으로 전망되고 있는 실정이다. 자국의 경제 성장에 필수 불가결한 에너지의 수입 의존도가 갈수록 증가할 수밖에 없다는 사실은 에너지 안보에 대한 필사적인 욕구로 나타나고 있다. 부시 대통령이 2001년 취임 직후 가장 먼저 소집한 국가에너지정책위원회NEPDG의 보고서를 보면, 첫 페이지에 미국의 에너지 수입 의존도의 증가 추이를 나타내는 표가 게재되어 있다. 이와 같은 에너지 대외 의존도의 증가는 미국의 에너지 안보를 위협하게 될 요인으로 지적되고 있다.*

한편 중국의 사정은 더 열악하다. 급속한 경제 성장에 따른 중국의 에너지 소비량의 급증은 이미 세계 자원 시장의 판도를 변화시키고 있을 뿐만 아니라 국내적으로도 심각한 문제를 야기하게 되었다. 중국은 1997년 1차 에너지 순수입국으로 전환되었으며, 이후에도 에너지 수요는 급증하는 반면 국내 생산은 한계에 직면하여 증산이 곤란한 상태이다. 석유 생산의 경우 다칭大慶, 셩리勝利, 랴오허遼河 등 3대 대형 유전이 모두 노후되어 증산 여력이 감소하고 있으며, 이미 개발된 여타 유전들도 생산 비용의 상승으로 운용에 어려움을 겪고 있다. 그 결과 원유 수입량은 1999년 이후 불과 4년 만에 세 배 이상 증가했으며, 석유 수입 의존도는 2000년 34퍼센트에서 2020년에는 62퍼센트로 증가할 것으로 전망되고 있다. 특히 중국은 미국이 주도하는 국제 석유 시장에 대한 신뢰가 낮으며, 자국 경제 발전의 핵심 요소인 에너지 자원의 획득이 미국의 통제 아래 들어가는 것을 우려하고 있어 독자적인 자원 확보를 위해 전방위적으로 외교 노력을 기울이고 있는 상황이다.

공급 측면 역시 OPEC 등 자원 보유국과 석유 메이저가 힘겨루기를 하는 가운데 시장의 원리에 따른 공급이 제대로 이루어지지 않는 상황이 지속되고 있다. OPEC는 지난 수년 동안 유가가 올라도 석유의 수요가 줄지

---

* NEPDG, "National Energy Policy: Reliable, Affordable, and Environmentally Sound Energy for America's Future"(2001. 5. 16.) 이 보고서는 ①현상: 미국이 직면한 에너지 문제, ②가정 경제에 미치는 타격: 고에너지 가격의 영향, ③환경 보호: 국민 건강과 환경의 유지, ④에너지의 현명한 이용: 에너지 절약과 효율화 추진, ⑤새로운 세기의 에너지: 국내 에너지 공급의 증대, ⑥자연 에너지: 재생에너지와 대체에너지의 확충, ⑦에너지 인프라: 통합적 배송 시스템, ⑧범세계적 동맹의 강화: 에너지 안보와 국제 파트너십의 촉진으로 구성되어 있다.

않은 것을 학습하면서 2008년 들어서는 배럴당 100달러 이하의 유가는 용인하지 않겠다는 속내까지 내비치는 등 내부적으로 목표 유가를 크게 상향 조정하고 있는 것으로 판단된다. 이를 단적으로 보여 주는 것이 바로 베네수엘라 우고 차베스Hugo Rafael Chavez Frias 대통령의 발언이다. 차베스 대통령은 코카콜라 1배럴이 78.7달러에 해당한다고 말하면서 유한재인 석유의 가격이 코카콜라보다도 더 싸다면 이는 비상식적인 일이라고 강조했다.

자원 보유국들은 이와 같이 자원 내셔널리즘을 앞세우며 외자 유치를 통한 적극적인 유전 개발을 꺼리고 있는 상황이다. 자원 보유국들이 외국 자본을 배척한 결과 현재 세계 전체 원유 생산의 80퍼센트를 자원 보유국의 국영 석유 회사가 차지하는 단계에까지 이르고 있다. 이에 따라 석유 메이저들은 자본주의 사상 최대의 수익을 기록하는 대박 속에서도 마땅한 신규 투자처를 찾지 못해 고민하는 모순에 이르고 있다.

제3의 공간: 금융·경제적 관점에서

마지막으로 유가 향방의 세 번째 변수는 금융 및 경제의 변수이다. 국제 유가가 상승세를 지속해 온 지난 수년 동안 달러화 약세와 저금리를 배경으로 석유 시장에 투기 자금이 몰려들면서 유가의 추가 상승을 야기해 왔다는 점은 끊임없이 지적되어 온 사실이다. 다시 말해 석유 가격이 실물시장에서 벗어난 새로운 공간, 즉 금융 공간에서 추가 상승을 야기하고 있다는 점이다. 특히 미국발 서브프라임 사태가 표면화되기 시작한 2007년 8월 이후에는 금융 시장에서 막대한 손실을 본 투기 자금이 이를 만회하기 위해 원자재 시장으로 대거 유입되면서 국제 유가의 급등을 초래했다. 2007년 8월 배럴당 70달러 수준이던 국제 유가는 1년 후 배럴당 147달러까지 치솟았다.

중요한 것은 이와 같은 투기 요인에 의해 국제 석유 시장이 카지노화되면서 원유 가격의 급등락 현상이 구조화되고 있다는 점이다. 뉴욕 상품거래소NYMEX, 런던 국제석유거래소IPE의 원유 및 석유 제품의 선물거래에서는 이미 상당 부문 머니게임 양상이 강하게 대두되고 있다. 사우디아라비아 등 OPEC 산유국들도 "원유 가격을 좌우하는 것은 OPEC가 아니다. 원유 가격은 투기 세력에 휘둘리고 있는 상황이다."라고 주장하고 있을 정도이다.

3 화석연료 시대의 질적 도전

지구온난화의 주범 온실가스

화석연료를 기반으로 하는 에너지 경제 시스템이 직면하고 있는 또 하나의 도전은 다름 아닌 질적 측면의 도전이다. 지구 기온의 상승으로 생태계에 치명적인 위기를 초래하고 있다는 과학계의 경고가 끊이지 않는 가운데 바로 그 주범으로 석유, 석탄, 천연가스로 대표되는 화석연료가 지적되고 있기 때문이다.

19세기 중반 산업혁명이 발생한 이후 인류는 땅속에 묻혀 있던 석유, 석탄, 천연가스 등을 경제 활동에 본격적으로 사용하기 시작했다. 석유, 석탄, 천연가스 등 화석연료는 수천만 년 동안 땅속에 매장되어 있던 생물체의 화석에서 유래하기 때문에 탄소화합물로 이루어져 있으며, 이 연료들

온실가스와 지구온난화의 메커니즘

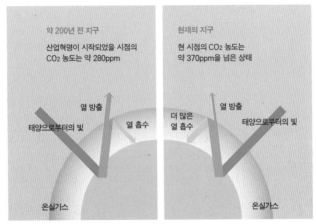

약 200년 전 지구

산업혁명이 시작되었을 시점의
CO₂ 농도는 약 280ppm

열 방출

태양으로부터의 빛

열 흡수

온실가스

현재의 지구

현 시점의 CO₂ 농도는
약 370ppm을 넘은 상태

더 많은
열 흡수

열 방출

태양으로부터의 빛

온실가스

※ 출처: 末吉竹二郎, 井田徹治, 『カーボンリスク』(北星堂, 2006年), 7쪽

을 태울 때에는 대기 중으로 CO_2가 방출된다.

화석연료의 연소에 의해 대기 중으로 방출된 CO_2는 지구 기온을 상승시키는데, 그 이유는 바로 온실효과greenhouse effect에 있다. 사실 온실효과만 존재하지 않는다면 화석연료를 마음껏 때더라도 기온의 상승을 걱정할 필요는 없다. 온실효과를 발견한 아일랜드 출신의 과학자 존 틴들John Tyndall은 대기 중에 존재하는 수증기, CO_2, CH_4메탄 등의 온실가스가 온실의 유리창과 같은 특별한 역할을 함으로써 태양으로부터의 빛이 대기를 통과해 지구 표면을 덥히는 것은 허용하지만, 적외선이 외계로 방출되는 것은 막는다는 사실을 밝혀냈다.

온실가스 감축 의무를 규정한 교토의정서에서는 온실효과를 유발하는 주요 가스로 CO_2, CH_4, N_2O아산화질소, HFCs수소불화탄소, PFCs과불화탄소, SF_6육불화황의 6대 가스를 규정하고 있다. 이 가운데 가장 비중이 큰 것은 CO_2로 전체 온실가스 중 약 80퍼센트를 차지한다. 이들 온실가스는 지구온난화에 미치는 영향GWP: Global Warming Potential이 서로 달라 온실가스를 CO_2로 환산하여 표준화하는 방법이 사용되기도 한다. 예를 들어 아래 표에 따르면, 메탄 10톤은(10에 메탄의 GWP 값인 21을 곱한) $210CO_2$톤으로 환산된다.

주요 온실가스와 지구온난화에 미치는 영향

종류	CO_2를 1로 했을 때의 온실효과(GWP)	주요 배출원
CO_2	1	연료/산업 공정
CH_4	21	폐기물/농업/축산
N_2O	310	산업 공정/비료 사용
HFCs	140~11,700 (예: HFC-134a: 1,300)	반도체 세정용, 냉매, 발포제 사용
PFCs	6,500~9,200 (예: PFC-14: 6,500 등)	반도체 공정
SF_6	23,900	절연용 충진제, LCD 모니터 제조

'뜨거운 여름' 논쟁

지구온난화의 문제에 대한 과학계의 논의는 19세기 말로 거슬러 올라간다.˙ 스웨덴의 화학자 스반테 아레니우스Svante August Arrhenius, 1903년 노벨 화학상 수상는 1896년 발표한 논문에서 CO_2의 농도가 두 배가 되면 지표의 평균 온도가 섭씨 5~6℃ 상승한다고 지적한 바 있다. 하지만 실제로 대기 중의 CO_2 농도가 증가하고 있다는 것이 실측 자료에 입각해 밝혀지기 시

˙ 요네모토 쇼우헤이, 박혜숙·박종관 옮김, 『지구 환경 문제란 무엇인가』(따님, 1995년).

작한 것은 1957년 하와이의 마우나로아 관측소에서 CO_2 농도의 측정이 이루어진 이후이다.

CO_2 농도의 증가가 지구온난화를 야기하고 있으며, 이것이 인간 활동에서 유래한다는 점에 주목하는 과학자들이 나타나기 시작한 것은 1970년대 말부터였다. 1979년 우드웰G. M. Woodwell, 맥도널드Gordon MacDonald, 킬링C. David Keeling, 르벨Roger Revelle 등 네 명의 과학자는 지금 당장 CO_2 감축 정책을 실시하지 않으면 지구온난화를 가속화하게 될 것이라는 경고의 메시지를 담은 보고서를 미국 정부에 제출하였다. 같은 해에 제네바에서 개최된 1회 세계기후회의World Climate Conference에서는 수백 명의 과학자들이 지구온난화에 관한 다음과 같은 성명을 발표하기에 이르렀다. "금세기 말까지는 특정 지역 또는 글로벌 차원에서 지구온난화의 영향을 알 수 있고, 다음 세기 전반에는 중대한 문제로 대두될 가능성이 있다." 이들 과학자들은 이미 30년 전에 21세기 초반 지구온난화 문제가 중대한 이슈로 대두될 것을 경고하고 있었던 것이다.

하지만 과학자들의 이러한 경고가 본격적인 정치적 쟁점으로 등장하게 된 것은 그로부터 약 10년이 지난 1988년 6월에 열린 미국 상원의 공청회에서였다. 당시 미국은 2년 연속 극심한 가뭄과 혹서에 시달리고 있었다. 이로 인해 사람들은 기상에 큰 이변이 생기고 있는 것이 아닌가 하는 의구심을 가질 정도였으며, 피해를 최소화하기 위한 정책에 대한 요구도 확산되었다. 이 시점에 NASA 산하 기상 전문 기관인 고다드우주연구소GISS: Goddard Institute for Space Studies의 연구팀은 공청회에 참석하여 그들의 연구 결과를 발표했다. 공청회에 출석한 고다드우주연구소의 제임스 한센James E. Hansen 박사는 첫째로 1988년의 여름은 기상 관측사상 가장 뜨

제임스 한센 박사

거운 여름이라는 점, 둘째로 지구온난화는 온실효과의 결과라는 점, 그리고 셋째로 온실효과는 가뭄과 혹서 등의 기상이변을 일으키기에 충분하다는 점을 발표했다. 그리고 그는 99퍼센트의 확률을 가지고 과학적 주장을 하고 있다고 설명했다.

NASA 기상 연구소의 최고 전문가에 의한 "99퍼센트 증언"의 위력은 컸다. 미국의 언론들은 일제히 한센 박사의 "99퍼센트 증언"을 보도했으며, 1988년의 '뜨거운 여름'은 과학과 정치의 영역을 넘나들며 대대적인 뜨거운 논쟁을 불러일으켰다. 동료 과학자들은 상원 공청회라는 정치적인 장에서 충분히 검증되지 않은 과학적 사실을 가지고 "99퍼센트 증언"을 한 한센 박사의 태도를 비난하였으며, 1988년의 가뭄은 지구온난화 때문이 아니라 엘니뇨 현상과 제트기류 이상 등이 중복되어 나타난 것이라는 반박 논문이 《사이언스》에 실리기도 했다.

하지만 결과적으로 '뜨거운 여름 논쟁hot summer debate'을 불러일으킨 지구온난화에 대한 한센 박사의 대담한 인식과 발언은 지구온난화라는 자연생태계의 문제를 정치적으로 쟁점화시키는 데 결정적인 계기를 제공했다고 평가할 수 있다.

IPCC 4차 보고서의 충격

그렇다면 현재 지구온난화의 진행 상태는 어느 정도 수준이며, 이것이 지구 생태계에 미치는 영향은 어느 정도일까?

현재 대기 중의 CO_2의 농도는 약 370ppm이며, 산업혁명이 시작되던 200년 전의 CO_2 농도는 280ppm 수준이었다. 지구의 평균 기온이 실제로 상승하기 시작한 것은 20세기에 들어서이며, 지금까지 약 0.74℃ 상승한 것으로 나타나고 있다. 1℃도 채 되지 않는 미미한 온도 변화라고 섣불리 판단하는 사람들도 있으나, 전문가들의 의견은 그렇지 않다.

2007년 4월, 세계 각국의 3,000명이 넘는 과학자가 참여하고 있는 IPCC 정부간기후변화위원회는 지구온난화로 인한 기상이변이 지구 생태계에 미칠 거대한 파장을 경고하는 내용의 4차 보고서를 공표했다.* IPCC는 이 보고서를 통해 1980~1999년 사이의 평균 기온을 기준으로 온도가 1℃씩 상승할 때마다 지구 생태계에 어느 정도의 영향이 발생할지를 제시하고 있다. 기온 상승이 1.5℃를 넘게 되면 최대 30퍼센트의 생물종이 멸종 위기에 처할 가능성이 높아지며, 저위도 지역의 곡물 생산이 감소하게 된다. 2℃를 넘게 되면 연안 지역에서 홍수 피해를 입는 사람의 수가 매년 수백만 명씩

---

* The United Nations Intergovernmental Panel on Climate Change, "4th Assessment Report," February 2007.

앨 고어 전 미국 부통령은 「불편한 진실(Inconvenient Truth)」이라는 영화를 통해 지구온난화에 대한 위험성을 알리는 데 주력했으며, 세계 곳곳에서 환경 관련 강연을 하고 있다. 앨 고어는 기후 변화에 대한 경각심을 일깨운 공로를 인정받아 2007년 10월 IPCC와 함께 노벨 평화상을 수상했다.

기온 상승이 지구 생태계에 미치는 영향

2020년대: 1도 상승, 2050년대: 2~3도 상승, 2080년대: 3도 이상 상승

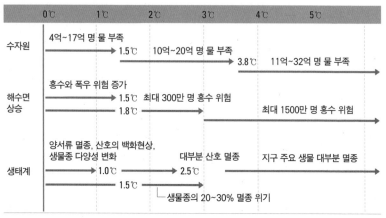

※출처: IPCC

증가하게 된다. 그리고 기온 상승이 3℃를 넘게 되면 전 세계에 심각한 영향을 미치게 될 것으로 예측하고 있다.

　IPCC는 1988년 세계기상기구WMO와 유엔환경계획UNEP에 의해 설립된 국제 기관으로 기후 변화에 관한 과학적 정보의 수집과 분석 그리고 평가를 모아 이제까지 네 차례의 보고서(1990년 1차, 1995년 2차, 2001년 3차 보고서)를 제시해 왔다. 국제적 이슈를 선점하고 주도권을 잡으려는 UN이 IPCC의 설립과 활동을 지원했으며, 이에 따라 IPCC는 지구온난화에 대한 과학과 정책의 영역을 조합시킨 광의의 평가 기관으로 거듭나게 된다. 국제적 차원에서 IPCC가 이제까지 제시해 온 과학적 견해는 UN 중심의 국제 기후 변화 정책의 중추가 되어 왔으며, 그 공적을 인정받아 2007년 앨 고어 부통령과 공동으로 노벨 평화상을 수상하기도 했다.

이 보고서의 핵심 내용은 크게 다섯 가지로 기후 변화와 그 영향에 관한 관측 결과, 기후 변화의 원인, 예측되는 기후 변화의 영향, 적응과 완화의 옵션, 장기 전망으로 이루어져 있다. 보고서의 핵심 내용은 아래와 같다.

① 기후 변화와 그 영향에 관한 관측 결과

기후 시스템의 온난화 현상은 지구의 평균 기온의 상승, 광범위한 해빙, 평균 해수면의 상승 등이 관측되는 것으로 보아 의심의 여지 없이 명백하다.

평균 기온 상승의 구체적인 예를 들자면 1850년 이래 평균 온도가 가장 높았던 연도별 랭킹 12위 중 열한 개 연도가 1995년부터 2006년 사이에 몰려 있다. 실제로 1906년부터 2005년까지 100년 동안 지구 표면의 평균 기온은 약 0.74℃ 상승했다.

평균 해수면은 1961년 이후 매년 평균 1.8미리미터 정도 상승했으나, 1993년 이후에는 평균 3.1미리미터 정도 상승하여 평균 해수면의 상승폭도 증가하고 있음을 알 수 있다.

② 기후 변화의 원인

현재의 온실가스 농도는 인간 활동으로 인해 산업혁명 이전의 수준을 크게 웃도는 상태에 이르렀다. 특히 20세기 중반 이후에 관측되는 지구의 평균 기온 상승의 대부분은 인위적인 온실가스 증가에 따른 것일 가능성이 매우 높다.

이제까지 지구온난화가 정말 인간 활동에 의한 것인지, 아니면 태양의 활동 등을 포함한 거대한 자연 변동의 일부분에 불과한 것인지를 둘러싼 논쟁이 일부에서 행해져 왔으나, 4차 보고서에는 인위적인 요인을 배제하고서는 최근의 급격한 기온 상승을 설명할 수 없다는 명백한 결론을 내리고 있다.

③ 예측되는 기후 변화와 그 영향

현재의 정책이 지속될 경우, 세계의 온실가스 배출량은 지속적으로 증가하여 그 결과 21세기는 20세기에 관측된 것보다 대규모의 온난화가 진행될 것으로 예측된다.

기후 변화에 대한 특단의 대책이 취해지지 않을 경우 금세기 안에 지구의 표면 온도는 섭씨 1.8~4.0℃(최대 6.4℃) 상승하고, 해수면은 최대 59센티미터까지 높아져 폭우, 가뭄, 폭염 등의 강도 및 빈도가 급증하게 된다. 2020년대에 지구의 온도가 1℃ 상승하면 양서류가 멸종하고, 2050년대에 2℃ 상승한다면 지구 생물의 20~30퍼센트가 사라지며, 2080년대 3.5℃ 이상 상승하면 주요 생물의 대부분이 멸종 위기에 직면하고 만다.

④ 적응과 완화의 옵션

기후 변화 방지 대책을 실시하더라도 기후 변화의 진행을 완전히 막을 수는 없을 것으로 예상되는 바 기후 변화에 대한 '적응 대책' 역시 강조된다. 이 보고서에는 물, 농업, 인프라/주거, 건강, 관광, 수송, 에너지 등 분야별로 적응 옵션 및 전략, 그리고 기본적인 정책의 틀과 제약 요인 등이 제시되어 있다. 기후 변화의 완화 측면에서는 에너지의 공급, 수송, 건축물, 산업, 농업, 임업/삼림, 폐기물을 분야별로 현재 상업적으로 이용 가능한 주요 완화 기술 및 실시 방법, 환경 효과를 지닌 정책 조치 및 수단, 주요 제약 요건 등이 제시되어 있다.

⑤ 장기 전망

온실가스의 평균 농도를 445~490ppm 수준으로 억제하고 산업혁명 시기 이후 세계 평균 기온의 상승폭을 2~2.4℃로 억제하기 위해서는 2050년까지 CO_2의 배출량을 2000년 대비 최소 50퍼센트에서 최대 85퍼센트까지 줄여야 한다.

「스턴 보고서」의 메시지

2006년 세계은행 부총재를 역임한 영국의 경제학자 니콜러스 스턴 경은 영국 정부의 위촉을 받아 「스턴 보고서」*를 작성했다. "기후 변화의 경제학"이라는 제목의 이 보고서는 지구 사회가 살아남기 위해서는 기후 변화의 진행을 직시하여 저탄소 경제 사회로 이행하는 것이 불가피하다는 점을 역설하고 있다.

이 보고서는 공표 즉시 전 세계 언론의 주목을 받으면서 기후 변화에 대한 위기의식을 고조시키는 데 크게 기여하게 된다. 한국의 언론들도 물론 「스턴 보고서」의 내용을 대서특필했다. 지구온난화라는 이슈를 널리 부각시킨 점은 반가운 일이나 이 과정에서 한 가지 아쉬운 점이 있었다.

• Nicholas Stern, *Stern Review on the Economics of Climate Change* (Cambridge: Cambridge University Press, 2007).

니콜러스 스턴

한국 언론들은 인류가 기후 변화를 방치할 경우 온난화 대책 비용이 전 세계 GDP의 5~20퍼센트에 이르러 세계가 1930년대 대공황에 맞먹는 경제적 파탄에 직면할 것이라는 위기를 부각시키는 데 초점을 맞추었던 것이다.

하지만 저자가 생각하는 「스턴 보고서」의 보다 중요한 메시지는 기후 변화를 방지하기 위해서는 조기 대응이 중요하며, 국제사회가 조기에 기후 변화 대책을 강구할 경우 대책의 편익은 비용을 상회하게 될 것이라는 점에 있다. 기후 변화에 대한 이와 같은 논점은 기본적으로 EU의 정책 방향과 일치하며, 그런 점에서 「스턴 보고서」는 EU가 추구하는 기후 변화 정책을 뒷받침할 수 있는 이론적 논거로서 작성된 측면이 있다고 평가할 수 있다.

이 보고서는 온실가스 농도를 지구 생태계가 감내할 수 있는 수준, 즉 CO_2 환산 500~550ppm 수준으로 안정화시키는 데 따른 연간 비용을 2050년까지 연간 GDP의 1퍼센트 정도로 예측하고 있다. 현재 대기 중 CO_2 농도는 370ppm인데 지금부터 세계 각국이 매년 GDP의 1퍼센트를 투자해야만 2050년까지 CO_2 농도를 550ppm 수준으로 안정화시킬 수 있다는 것이다. 이에 덧붙여 "이것은 매우 높은 비용이지만, 동시에 실현 가능한 수준이다."로 평가하고 있다. 나아가 "대기 중의 온실가스 농도를 안정화시키는 것은 실현 가능할뿐더러 경제 성장의 지속과 모순되지 않는다."라고 덧붙인다. 이것은 기후 변화를 방지하기 위한 대책이 경제와 산업에 큰 부담이 된다는 기본적인 인식을 견지해 왔던 미국^{부시} 행정부의 입장과는 크게 차별화된 시각이라 할 수 있다.

「스턴 보고서」는 "저탄소 경제로의 전환은 경쟁력이라는 측면에서 큰 도전이기는 하나, 경제 성장을 위한 좋은 기회이기도 하다."는 점을 강조한다. 기후 변화 완화 대책을 실시하는 과정에서 비용이 들기는 하지만 경제 전반의 관점에서 보면 이와 같은 비용을 상쇄할 만한 기술 혁신으로 인해 편익이 발생한다는 것이다. 일례로 기후 변화에 대응해 나가는 과정에서 저탄소 에너지 제품 시장의 규모만도 2050년까지 적어도 5000억 달러, 혹은 그 이상의 시장으로 확대될 것이라는 점을 강조하고 있다.

「스턴 보고서」에서 제안하는 기후 변화 완화 대책의 네 가지 옵션은 다음과 같다.

① 온실가스 배출량이 많은 기기 및 서비스의 수요 억제
② 에너지 효율 향상으로 에너지 비용 억제와 배출량 감축 동시 달성
③ 삼림 감소의 방지 및 비에너지 부문의 배출 대책 추진
④ 전력, 열 공급, 수송 부문을 중심으로 저탄소 기술로 전환

2005년 8월 미국 공군이 홍수에 잠긴 도시 위를 정찰하며 생존자를 찾고 있다. 미국 루이지애나 주 뉴올리언스를 강타한 허리케인 카트리나는 자연재해사상 전대미문의 피해액을 기록했다.

지구온난화에 따른 리스크

지구온난화를 그대로 방치할 경우 인류가 직면하게 될 위협은 과연 어떤 것일까?

첫째는 기상 재해의 빈발이다. 지구의 평균 기온의 상승은 태풍, 홍수, 가뭄, 혹서 등 기상이변의 빈도를 증가시키고 있다. 역사상 가장 더운 여름의 대부분이 1980년대 이후로 기록되고 있으며, 홍수와 허리케인의 빈도와 강도는 급격히 높아지고 있다. 1990년대 기상 재해로 인한 세계 전체의 경제적 피해 규모는 4000억 달러 수준으로 1980년대에 비해 무려 7~8배나 증가했다. 2000년대에 들어서면 그 상황은 훨씬 심각해진다. 일례로 2005년 8월 말, 미국 남부 미시시피 주와 루이지애나 주 일대를 강타한 초대형 허리케인 카트리나는 인간이 자연의 거대한 힘 앞에 얼마나 무력한지를 절감하게 했으며, 자연재해사상 전대미문의 피해액을 기록하기에 이른다. 카트리나로 인한 정확한 피해액은 아직 추정 중이나 민간 조사 회사인 리스크매니지먼트솔루션스는, 카트리나 피해에 대한 보험금 배상액은 최대 600억 달러약 70조 원에 달할 것이라고 추정한다. 그뿐만이 아니다. 전미부동산협회는 카트리나에 따른 주택 및 상업, 공공시설 등 부동산 피해액은 최대 약 1000억 달러약 117조 원에 이를 것으로 발표했다.* 그러나 과학자들은 이와 같은 현상은 앞으로 직면하게 될 위협에 비하면 매우 약소한 수준에 불과하다고 지적한다.

둘째는 농업과 식량 생산에 미치는 타격이다. 농업은 전통적으로 기상

---

* 末吉竹二郎, 井田徹治, 『カーボンリスク』(北星堂, 2006年), 16쪽.

에 가장 민감한 업종으로 기상이변은 곡물 생산에 피해를 주고 농산물 시장을 교란하게 된다. 지구온난화가 진행되면 중위도 지역의 경우 기후대와 농업 경작지가 수십 년 후에는 150~550킬로미터 북쪽으로 이동할 것으로 전망된다. 강수량의 변화와 기온 상승으로 인해 곡물 생산량은 물론 경작 가능한 농작물의 종류 등이 영향을 받게 된다. 해수면의 상승으로 어장, 양식업, 저지대 농업 등 식량 생산의 보고들이 피해를 입게 되는 것도 물론이다. 곡물 생산량이 줄어들게 되면 식량의 수급과 교역에 영향을 미치며 이에 따른 국제적 분쟁도 불가피할 것으로 예측된다. 전문가들은 특히 중국을 걱정한다. 중국은 기후 관련 농업 피해가 가장 클 것으로 예측되고 있는데 농업 생산이 타격을 입으면 수억 명의 난민이 발생할 가능성도 배제할 수 없다는 것이다.[*]

셋째는 경제 및 기업 활동의 위축이다. 지구온난화가 심화되고 기상이변이 빈번해지면 경제적 부담이 커지고 기업은 품질 유지 등에 어려움을 겪게 된다. 국가 경제 측면에서 보면 에너지 및 재해 관련 재정 지출이 늘어나 그만큼 생산적인 부문에 대한 투자는 감소하게 된다. 기업의 입장에서는 수요 변동 리스크도 증가한다. 가전, 패션, 식음료 등은 계절 상품이 많아서 기상이변이 생산 기획, 재고 관리, 판매 등에 큰 영향을 미치게 된다. 봄과 가을이 짧아지고 겨울 기온이 올라가면 봄가을 의류 판매 기간이 줄어들고 겨울 의류는 방한용에서 패션 위주로 변화하게 된다. 모피,

---

[*] 2003년 10월 미 국방부는 「급격한 기후 변화 시나리오와 미국의 안전 보장에 미치는 영향」이라는 제목의 보고서를 통해 기후 변화로 인한 기상이변이 에너지 자원을 둘러싼 국제 분쟁을 야기하고, 식량 부족과 물 문제를 이유로 남아시아 및 동남아시아 등에서 국제 분쟁이 다발할 가능성 등을 제시하고 있다.

오리털 파커, 가죽 의류 등의 판매는 위축된다.

섬유 등 제조업은 품질 관리가 어려워지고 재해 예방 및 대처에 드는 비용이 증가하게 된다. 항공 운송, 물류, 관광, 스포츠 등 기상의 직접적인 영향을 받는 사업들은 가동률이 낮아지고 활동이 제약을 받게 된다. 이와 같이 지구온난화가 생태계에 미치는 변화는 세계 경제에 막대한 손실을 초래할 것이며 이 손실은 시간이 갈수록 큰 폭으로 증가하게 될 것이다.

2부
경영 환경이 바뀐다

4 도미노처럼 확산되는 규제

'과학'에서 '비즈니스'로

경영자들을 대상으로 기후 변화와 관련된 강의를 할 때면 종종 이런 질문을 받는다. 지구온난화나 기후 변화의 위험이 지나치게 부풀려져서 보도되고 있는 것은 아닌가? 지구온난화의 원인이 과연 산업 활동에서 발생되는 CO_2 등 온실가스 때문인가? 음모론적인 시각에서부터 박학한 과학적 지식을 총동원한 질문 공세에 이르기까지 경영자들의 지적 호기심은 끝이 없다. 물론 기후 변화의 원인과 영향에 대해서는 아직 소수의 이견이 존재하기 때문에 100퍼센트의 과학적 진실에 도달했다고 말하기는 어렵다. 이 점에 대해 하버드대 출판부에서 출간된 『기후 변화, 당신의 비즈니스 전략은?』의 저자 앤드루 호프먼과 존 우디는 명쾌한 해답을 제시한다. 당신이 기업의 경영자라면 기후 변화의 과학적 측면에 연연하기보다는 이미 기후 변화라는 이슈로 인해 빠르게 변화하고 있는 각국의 정책과 규제, 여론 및 이해관계자들의 동향 등 경영 환경의 변화에 관심을 기울여야 한다는 것이다.*

온실가스가 지구온난화를 일으키는 주범이라는 사실에 동의하지 않는 과학의 세계가 아직 남아 있음에도 불구하고 이미 온실가스의 배출 규제는 글로벌global, 지역regional, 국내domestic 차원에서 빠르게 확산되고 있다. 새로이 등장하는 온실가스 관련 규제는 상품의 생산, 제품의 가격 경쟁력, 신규 투자 결정, 마케팅 전략에 이르기까지 기업 경영의 전 가치 사슬에 영향을 미치게 될 것이다. 그뿐만이 아니다. 이제 투자자는 물론 주주, 여론과 NGO, 소비자에 이르기까지 기업 경영을 둘러싼 다양한 이해관계자들 역시 기후 변화에 대한 대응 여부를 기업 평가의 새로운 잣대로 들이밀며 기업을 압박하게 될 것이다. 이제 경영인들에게 기후 변화는 과학의 차원이 아닌 비즈니스 차원의 문제이며, 기후 변화로 인한 기회 변화와 리스크 요인을 분석하는 것이 더욱 시급하고도 현명한 일일 것이다.

저탄소 경제 시대에 적합한 새로운 기술, 새로운 제품, 새로운 서비스에 대한 니즈needs가 폭발적으로 증가하는 가운데 한 발 앞서 이를 실현하는 스마트한 기업에는 막대한 이윤 창출의 기회가 도래할 것이다. 준비된 기업들만이 저탄소 경제 시대에 새롭게 창출되는 부를 향유하게 될 이 시기에 나는, 또는 우리 기업은 과연 무엇을, 어떻게 대비하고 있는가? 이 점을 지금 냉정하고 객관적으로 평가하고 점검해 볼 시점이다.

* Andrew J. Hoffman & John G. Woody, *Climate Change: What's Your Business Strategy?*(Harvard Business Press, 2008).

SONY의 카드뮴 쇼크

2001년 말, 크리스마스 특수 기대감에 부풀어 있던 SONY는 어처구니 없는 사태에 직면했다. 네덜란드에 출시한 '플레이스테이션 2'에서 중금속인 카드뮴이 법적 허용 기준치를 초과해 검출되는 바람에 네덜란드 정부로부터 출하 정지를 당한 것이다. 크리스마스를 앞두고 날개 돋치듯 팔릴 것으로 기대했던 130만 대의 게임기는 창고에 그대로 쌓인 채 우울한 크리스마스를 맞이해야만 했다.

문제의 원인을 제공한 것은 게임기의 컨트롤러와 본체를 연결하는 케이블 피막의 안료로 사용된 유해 카드뮴으로, 네덜란드의 유해물질 규제 기준치를 크게 웃돌고 있었다. SONY는 즉시 전 제품의 케이블 교체 작업에 들어갔으며, 원인 규명을 위해 18개월에 걸쳐 6,000여 개 사업장을 샅샅이 조사하기에 이른다. 이 사건으로 인한 소니 사의 손실액은 무려 2000억 원에 달했다고 한다.

더욱이 문제가 된 것이 부품이었다는 점에서 SONY는 이후 제품의 공급 관리 시스템의 정비에 박차를 가하게 된다. 자사는 물론 모든 협력 업체를 대상으로 자체 환경 영향 평가를 실시하는 '그린 파트너' 제도를 도입하여 그린 파트너에 선정되지 못한 부품 업체와는 거래를 중단하는 등의 강력한 조치를 취했다. 또한 실추된 이미지를 회복하기 위해 2002년부터는 '그린 마케팅'을 본격 추진하면서 캠코더, 디지털카메라, 노트북의 주요 부품을 친환경 소재로 교체하고 자체 환경 인증 마크인 '에코인포Eco-Info'를 도입했다. *

• Daniel C. Esty & Andrew S. Winston, *Green to Gold*(Yale University Press, 2006). 1~4쪽.

"SONY의 카드뮴 쇼크"로 알려진 이 사례는 환경 규제에 대한 치밀한 대응 부족이 예상치 못한 막대한 경제적 손실은 물론 기업 이미지의 하락으로 연결되었음을 여실히 보여 준다. 동시에 공급망 관리의 허점을 노출시킴으로써 기업이 환경 문제에 개별적으로 대응하는 차원을 넘어 기업 경영 전반의 차원에서 환경 문제에 접근해야 할 필요성을 인식시키기에 충분했다.

이러한 SONY의 사례는 빙산의 일각에 불과하다. 이제 글로벌에서 로컬 차원에 이르기까지 봇물처럼 터져 나오고 있는 온실가스 관련 규제가 기업의 경영 환경을 압박해 오고 있다.

온실가스 규제 카운트다운

글로벌 차원의 온실가스 규제는 교토의정서대상 기간 2008~2012년와 포스트 교토의정서대상 기간 2013년 이후 체제를 통해 구체화되고 있다. 2008~2012년까지는 교토의정서에 따라 선진국에 우선적으로 온실가스 감축 의무가 부여된 반면, 2013년 이후 포스트 교토의정서 체제에서는 선진국과 개도국을 포함한 모든 국가들이 온실가스를 줄이도록 하는 범지구적인 규제가 시행될 전망이다. (자세한 내용은 9장 참조.)

한편 EU는 이미 2005년부터 지역 차원의 배출권 거래 제도인 EU-ETSEU-Emission Trading Scheme를 출범시켰다. 역내 에너지 다소비 사업장에 온실가스 배출 할당량을 부여한 뒤 할당량 대비 잉여분과 부족분을 거래하게 하는 캡앤트레이드cap and trade 방식의 배출권 거래제이다. 기업들은 부여받은 할당량에 맞춰 온실가스 배출을 줄이거나, 배출을 줄이지 못했을 경우에는 배출권 시장에서 배출권을 구입해야 하는 상황에 처하게 되었다. (자세한 내용은 10장 참조.)

미국의 경우는 부시 행정부가 규제 방식을 통한 온실가스 감축에 난색을 표해 왔음에도 불구하고 주정부 차원에서 선도적인 규제가 추진되어 왔다. 2008년에는 세 명의 주지사들이 공동으로 출연한 TV 광고가 화제가 되었는데, 영화 「터미네이터」의 주인공에서 그린 주지사로 변신에 성공한 아널드 슈워제네거 캘리포니아 주지사, 존 헌츠먼 유타 주지사, 브라이언 슈바이처 몬태나 주지사가 광고의 주인공들이다. 이들 세 명의 주지사들은 "주정부는 이미 온실가스 감축을 위해 행동하고 있다."며 이제 미 의회가 움직일 차례라는 내용의 TV 광고를 내보냈다.

실제로 미국의 북동부 열 개 주는 2009년부터 발전소를 대상으로 한 캡앤트레이드 형 배출권 거래 제도RGGI: Regional Greenhouse Gas Initiative를 출범시켰고, 캘리포니아 주는 2020년까지 온실가스 배출량을 1990년 수준으로 줄이는 내용을 담은 지구온난화대책법을 제정하는 등 미국 주정부들의 대응은 연방정부를 압도하는 모습이다. 오바마 행정부는 선도적인 주정부의 대응을 연방정부 차원으로 확산시키겠다는 입장이다.

미국 의회에도 변화의 조짐은 뚜렷하다. 미국 의회는 1997년 교토의정서의 비준을 95 : 0으로 부결시켜 전 세계적으로 비난의 대상이 되었으나,* 2009년 6월에는 온실가스의 대폭적인 배출 제한을 골자로 하는 '미국청정에너지안전보장법안 ACES Act: American Clean Energy

---

• 1997년 7월 미 상원은 온실가스 감축 의무 등 미국 경제에 악영향을 초래할 어떤 의정서에도 서명해서는 안 된다는 결의안(Byrd-Hagel Resolution)을 95 : 0으로 통과시켰다.

and Security Act'이 하원을 통과했다. 이 법안의 핵심은 미국 전체 온실가스 배출량을 2020년까지 2005년 대비 17퍼센트, 2050년까지 83퍼센트 줄이고, 이 과정에서 배출권 거래제를 도입하는 한편 청정에너지의 사용을 늘리도록 의무화한 점 등이다.* 2009년 9월 미 상원의 환경·공공사업위원회는 온실가스 배출량을 2020년까지 2005년 대비 20퍼센트 감축한다는 내용의, 6월에 하원을 통과한 안보다도 배출 감축 목표를 상향 조정한 초안을 마련했다. 미 상원은 이 법안을 코펜하겐 정상회담이 개최되는 12월 이전에 통과시키려는 계획이었으나, 기업들의 거센 반발에 부딪혀 2010년 상반기로 심사를 연기한 상황이다.

거친 그린 무역 장벽의 파고

미국 의회에서 불고 있는 변화의 바람은 저탄소 경제로의 이행이라는 세계적인 추세와 이를 지향하는 오바마 정부의 강한 의지와 공약 등을 감안할 때 수정과 보완의 과정을 거치더라도 기본 방향은 유지될 가능성이 크다. 여기에서 간과할 수 없는 사실은 미국이 온실가스 배출 규제의 입장을 강화할 경우 온실가스 감축을 둘러싼 국제 차원의 규제가 본격화되면서 우리나라 역시 강도 높은 온실가스 감축 요구를 받게 될 가능성이 크

---

* 배출권 거래제의 실시와 관련해서 배출 허용량의 85퍼센트는 무상으로 부여받되 나머지 15퍼센트는 경쟁 입찰을 통해 구입해야 하는 옥션 방식의 도입이 포함되어 있다. 전력 회사에 대해서는 2020년까지 전체 발전량의 15퍼센트를 풍력이나 태양광 등 청정에너지로 충당하며, 에너지 효율을 5퍼센트 향상시키도록 의무화하고 있다.

다는 점이다.

또한 주목할 점은 온실가스 규제와 무역의 연계 움직임이다. 미 하원은 상기 법안을 통과시키는 과정에서 보호주의 조항을 포함시켰다. 법안 시행과 동시에 온실가스 감축 노력을 하지 않는 국가로부터 수입하는 제품에 대해 미 대통령이 광범위한 조정 조치나 관세를 부과하도록 한 규정이다. 이른바 '국경 조정 프로그램'이라고 하는 이 조항은 미국 내 온실가스 규제로 국제 경쟁력 측면에서 불리해질 수밖에 없는 철강, 알루미늄, 제지, 펄프, 석유화학 등 자국의 산업을 보호하기 위한 조처이다. 오바마 대통령은 관세 부과를 통한 무역 규제가 비효율적일 뿐만 아니라 보호주의를 암시할 수 있다며 우려를 표명하고 있다. 하지만 저탄소 경제로의 이행에 따른 새로운 규제의 '수출'은 이미 EU 등에서도 본격화되고 있는 조짐이 보이는 상황이다.

2005년부터 배출권 거래제를 출범시킨 EU는 2008년 6월, 유럽에 취항하는 모든 항공사를 EU 배출권 거래 대상에 편입시키는 방안에 합의했다. 핵심은 유럽의 항공사뿐만 아니라 유럽에 취항하는 각국의 모든 항공사에까지 온실가스 감축 의무를 확대 부여한 점에 있다. 이 배경에는 물론 온실가스 감축 의무를 지게 된 EU 기업들의 불만이 존재한다. EU 기업들은 EU에서 만들어진 텔레비전이나 냉장고, 자동차에는 온실가스 감축 비용이 포함되는 반면 온실가스 감축 의무가 없는 기타 국가나 지역에서 만들어지는 제품에는 온실가스 감축 비용이 포함되지 않는 데에 따른 경쟁력 저하를 우려하며 불만을 토로하고 있기 때문이다. 이에 따라 소위 '규제의 수출' 논의가 부상하게 되었고, 우선적으로 항공 부문에서 규제의 수출이 이루어지게 된 것이다.

이 규제에 의하면 2012년부터 EU 역내에서 이착륙하는 모든 항공기는 EU-ETS 대상에 편입된다. 2004~2006년 기간의 각 항공 노선의 연평균 배출량을 기준으로 2012년에는 3퍼센트, 2013년 이후부터는 5퍼센트 감축해야 한다. 온실가스 배출량을 줄이지 못하거나 운항 실적이 늘어 배출권이 더 필요해진 항공사는 배출권을 구입하지 않을 수 없게 된다.

그렇다면 유럽 각지에 취항하고 있는 우리 항공사들은 어떤 영향을 받게 될까? 국내에서 배출권 규제가 시행되지 않더라도 이제 우리 항공사들은 EU-ETS의 규제에 따라 온실가스 배출을 줄이거나 배출권을 구입해야 하는 상황에 직면하게 되었다. 배출권 가격이 오르거나 유럽에 취항하는 노선 수가 늘어날 경우 배출권 구입 비용은 더 커지게 된다.

이처럼 UN 투표권 스물일곱 표, 인구 5억, GDP 규모 15조 달러 이상의 세계 최대 경제권인 EU가 저탄소 경제의 선두주자로 역내의 탄소 규제를 글로벌 차원으로 확산시켜 간다면, 이는 거친 그린 무역 장벽의 파고로 우리 산업계를 위협하게 될 것이다.

맞규제로 대응하는 중국

환경을 내세운 무역 규제는 온실가스 감축에만 해당되는 이야기가 아니다. EU에서는 최근 이미 환경 규제의 3인방으로 불리는 RoHSRestriction of Hazardous Substances: 유해 물질 사용 제한 지침, WEEEWaste Electrical and Electronic Equipment: 전기전자 장비 폐기물 처리 지침, REACHRegistration, Evaluation and Authorization of Chemicals: 신화학 물질 관리 제도 법안이 통과되어 시행중에 있다. 환경 규제의 대상을 산출물 output에서 투입물 input로까지 확대시켰다는 평가를 받고 있는 RoHS 법안은 전기전자 제품에 납이나 수은 등 여섯 개 유해물질의 사용을 금지한 규제이다.* 전기전자 제품의 폐가전 수거 및 재활용을 의무화한 WEEE 규정은 라이프사이클의 마지막 단계의 제품을 처리하는 수준까지 규제 대상에 포함시킨다. 한편 산업계에 가장 큰 영향을 초래할 EU의 야심적인 규제로 평가받고 있는 REACH 법안은 화학물질의 사용 제한을 규정하고 있는데, 이 규제에 따라 제조 업체는 제품에 사용하는 모든 화학물질을 등록해야 하며 그 수는 3만 종류에 이를 것으로 예상되고 있다.**

EU가 상기 법안들을 통과시키면서 환경 규제를 강화하자 누구보다도 심기가 불편해진 것은 다름 아닌 중국이다. 중국은 EU의 환경 규제는 중국의 수출을 저해하려는 조치라며 불쾌감을 표명하더니, 결국 "규제에는 규제로 대응"한다는 방침 아래 China RoHS,*** China WEEE 등의 맞규

---

* RoHS가 금지한 유해물질과 허용치는 납(Pb) 1,000ppm, 카드뮴(Cd) 100ppm, 수은(Hg) 1,000ppm, 6가크롬(Cr+6) 1,000ppm, 난연제(PPB, PBDE) 1,000ppm이다. RoHS는 이 여섯 가지 유해물질이 일정 기준치량 이상이 함유되면 불이익을 주는 일종의 무역 장벽으로, 다른 인증과는 달리 강제로 규제되는 법이다.(발효 시점은 2003년 2월 13일.) 근거 법률은 Directive 2002/95/EC on the restriction of the use of hazardous in electrical and electronic equipment [OJ L 37, 2003].

** Daniel C. Esty & Andrew S. Winston, *Green to Gold*(Yale University Press, 2006).

*** 중국의 환경 규제 움직임 중 가장 주목받고 있는 이 규제는 RoHS 강제인증제(CCC: China Compulsory Certification)이다. 1,400여 품목에 달하는 전자·정보 제품을 대상으로 납, 수은, 카드뮴 등 6대 유해물질의 함유 여부를 중국 정부가 강제적으로 관리하겠다는 것이 핵심이다. 중국 정부는 시장의 파급 효과가 큰 휴대폰, 프린터, 전화기 등을 중점 관리 품목으로 지정해서 우선적으로 시행한 후 품목을 점차 확대해 나간다는 방침이다. 2010년 9월부터 상기 3대 품목을 중국으로 수출하기 위해서는 RoHS 강제인증을 취득해야 한다.

제 법안을 제정하여 도입했다. 대중국 수출 전기전자 제품의 90퍼센트가 China RoHS 및 China WEEE의 적용 대상에 포함되는 한국 기업들은 중국의 맞규제 전략에 따라 이중고=重苦를 겪게 되었다.

앞으로 이와 같은 새로운 환경 규제와 규제의 도미노 현상으로 인해 국내 수출 업체들은 비용 증가 및 소송 등의 부담을 감수해야 할 것으로 예상되며, 규제 시행 국가의 기준을 충족시키지 못할 경우 수출 금지 및 벌칙금 부과 등의 불가피한 상황에 직면하게 되었다.

규제를 새로운 기회로

환경 규제의 도미노 현상은 준비되지 않은 기업에는 불편함과 부담감을 넘어 성장의 지속 가능성에 치명적인 도전이 되지만, 준비된 기업에는 혁신과 새로운 사업 기회를 위한 포석으로 작용한다. 램 니두몰루 등은 기업이 새로운 규제에 관심을 가진다면 원자재, 기술, 프로세스 등을 미리 실험해 볼 수 있는 시간적 여유를 확보할 수 있으며, 나아가 규제보다 한 발 더 앞서 나간다면 새로운 사업 기회를 포착할 수 있다는 점을 강조한다.[*]

휴렛팩커드HP는 이미 1990년대 초반부터 EU가 머지않은 시점에 유해 물질인 납을 이용한 납땜을 금지할 것으로 예상하고 10년에 걸쳐 대체재를 찾은 끝에 2006년 주석Sn, 은Ag, 구리Cu를 이용한 아말감 땜질 방식을

---

[*] Ram Nidumolu, C. K. Prahalad, & M. R. Rangaswami, "Why Sustainability Is Now the Key Driver of Innovation," *Harvard Business Review*, No. 41.(2009. 9. 15.)

고안해 냈다. 또한 땜질 과정에서 산화와 녹의 발생을 억제하는 화학물질도 개발했다. 그 덕에 2006년 7월 EU에서 전자 제품의 납 사용량 등을 억제하는 RoHS 법안이 발효되자마자 이 지침을 충족시키는 제품을 즉시 선보이게 되었다.

　HP는 환경 규제에 촉각을 세우고 있던 EU가 제조 업체의 판매량에 따라 재활용 비용을 부담하는 WEEE 법안이 시행될 것이라는 점도 간파했다. 하지만 정부가 후원하는 재활용 처리 계약은 비용이 높기 때문에 이에 대한 대응책으로 소니Sony, 브라운Braun, 일렉트로룩스Electrolux와 함께 재활용 처리 전문 기업인 유러피언리사이클링플랫폼ERP을 설립했다. ERP는 2007년 WEEE 적용 대상 가운데 20퍼센트에 달하는 30개국 1,000여 개 기업의 재활용 업무를 처리했다. ERP는 규모의 경제를 통해 경쟁 업체보다 55퍼센트 더 저렴하게 제품을 처리할 수 있었으며, 이로 인해 HP는 2003~2007년 동안 약 1억 달러 이상의 비용을 절감하는 데 성공했다.

5 녹색 옷으로 갈아입는 정책

EU의 사슬을 풀 녹색 열쇠

저탄소 경제를 향한 장거리 레이스에서 현재 가장 앞서가고 있는 것은 EU이다. 세계 최초로 국가별 온실가스 감축 목표를 설정해서 배출권 거래를 시행하고 있고, 신재생에너지의 개발과 에너지의 효율 개선을 위한 정책적 노력을 기울여 왔다. 그렇다면 EU는 왜 이렇게 앞장서서 온실가스 감축 정책을 강화하고 신재생에너지의 도입을 확대하는 등 저탄소 경제로의 본격적인 이행을 서두르고 있는 것일까? 이 점에 대해서는 여러 가지 해석이 가능하다.

9장에서 자세히 기술하겠지만, EU가 온실가스 감축의 선두주자로 나서고 있는 배경에는 다른 경쟁국들에 비해 온실가스 감축이 상대적으로

용이하다는 계산이 작용하고 있다. 또한 기후 변화를 기폭제로 저탄소 경제로의 이행이 불가피하다는 점을 명확히 인식하고 있기에, 스스로 경제 활동의 일부에 제약을 가함으로써 청정 기술에 대한 기술 혁신을 유도하고 이를 새로운 성장 동력으로 삼으려는 측면도 작용하고 있다.

하지만 보다 절실한 이유는 EU가 처해 있는 에너지 안보의 위기 상황을 적극적이고 공격적으로 해소하려는 측면에 있다. EU는 공급 차질과 수입 의존도의 증가로 에너지 수급에 발목이 잡힌 경제 상황을 '사슬에 묶인 거인Gulliver in Chains'에 비유하고 있다. EU라는 거인이 에너지 문제라는 사슬에 묶여 옴짝달싹 못 하는 상황을 표현하는 말이다.

EU의 에너지 문제는 기본적으로 에너지의 수입 의존도가 지속적으로 증가하는 상황에 있다. EU의 에너지 수입 의존도는 2005년 50퍼센트에서 2030년 70퍼센트로 증가할 것으로 전망된다. 즉, 2005년 시점에서는 EU 역내에서 생산되는 에너지로 소비의 절반 정도를 충당하고 나머지 50퍼센트를 수입해서 썼다면, 2030년에는 에너지의 역내 생산은 30퍼센트에 불과하고 나머지 70퍼센트를 수입해 와야 한다는 것을 의미한다. EU와 같이 에너지 소비가 급격히 증가하지 않는 지역에서 에너지 수입 의존도가 늘어나는 배경에는 북해 유전 등의 노후화 등으로 역내 에너지 생산이 줄고 있는 현실이 존재한다.

한편 EU는 역내 천연가스의 대부분을 러시아로부터 수입하고 있기 때문에, 자원을 무기로 여타 자원 생산국 및 글로벌 질서에 영향력을 확대하려는 러시아의 행보가 매우 부담스러운 상황이다.* 러시아는 2006년 1월

---

* 2008년 12월 러시아 주도로 가스수출국포럼(GECF: Gas Exporting Countries Forum)이 출범하기도 했다. 열여섯 개 천연가스 생산국의 연합체로 전 세계 가스 매장량의 73.1퍼센트, 생산량

우크라이나에 세 배 이상의 가격 인상을 요구하면서 천연가스 공급을 중지시킨 바 있다. 또한 2007년에는 러시아와 벨로루시 사이의 송유관 분쟁으로 러시아로부터 원유 공급이 일시적으로 중단되면서 서유럽 국가들은 에너지 비상 사태를 경험해야 했다. 이처럼 EU 국가들의 에너지 안보 취약성이 강하게 부각되는 상황에서 에너지 안보에 대한 EU의 위기 의식은 그 어느 때보다도 강하게 부각되고 있다.

EU는 에너지 안보와 온실가스 감축이라는 과제를 동시에 충족시킬 수 있는 해법으로 신재생에너지의 도입을 확대하는 데 적극 나서고 있다. 2007년 1월 EU는 '신新에너지정책'* 을 통해 2020년까지 신재생에너지의 보급량을 1차 에너지의 20퍼센트까지 확대한다는 목표를 설정했다. 2008년 6월, 영국의 고든 브라운 총리는 '그린 혁명Green Revolution' 계획을 수립하면서 2020년까지 전력의 15퍼센트를 신재생에너지로부터 생산하고, 이를 위해 2010~2012년까지 저탄소 산업 분야에 500억 파운드약 94조 원를 투입하기로 했다.** 한편 2008년 EU 위원회는 6대 선도 시장Lead Market*** 육성 전략을 통해 2020년까지 3000억 유로 이상의 시장과 300만 개 이상의 고용을 창출한다는 계획이다.

의 41.8퍼센트를 차지하고 있어 석유의 OPEC와 유사한 기구적 성격을 지닌다.
* EU의 신에너지 정책에서 제시한 2020년 주요 목표는 온실가스 배출량을 1990년 대비 20퍼센트 감축, 1차 에너지 소비량을 최소 20퍼센트 감축(2020년 BAU 전망 대비), 신재생에너지 보급량을 1차 에너지 소비량의 약 20퍼센트로 확대, 바이오 연료의 비중을 수송용 연료의 10퍼센트까지 확대하는 목표를 담고 있다.
** 《매일경제신문》, 2009. 10. 20.
*** 19쪽 주(註) 참조.

미국, 뉴 아폴로 프로젝트

2008년 미국의 대통령 선거전은 치열했다. 버락 오바마와 힐러리 후보와의 민주당 예비선거를 거쳐 공화당의 존 매케인 후보를 누르고 미국 최초의 흑인 대통령이 당선되기까지 그 열기는 실로 대단했다. 하지만 이 과정에서 저탄소 경제로의 이행을 둘러싼 정책 논쟁은 예상과는 달리 크게 부각되지 못하는 듯했다. 왜일까?

가장 큰 이유는 후보자 간 정책에 큰 입장 차이가 없었기 때문으로 해석된다. 오바마 후보와 클린턴 후보는 물론 공화당의 매케인 후보까지도 모두 온실가스 감축과 이를 위한 배출권 거래제의 도입에 찬성하는 입장이었다. 미국의 언론들은 이들 후보들 간 입장 차이보다는 세 후보들과 부시 행정부와의 입장 차이가 훨씬 더 크게 부각되고 있다고 평가했다.

특히 저탄소 경제로의 이행에 대한 오바마 후보의 입장은 명확했다. 오바마 대통령은 2005년에 존 매케인 상원의원과 조지프 리버만 상원의원이 109회 국회에 공동 제출한 온실가스 감축 법안(2050년까지 1990년 대비 60퍼센트 감축)에 공동 제안자로 참여했으며, 물론 찬성표를 던졌다. 나아가 기후 변화 문제가 우리 세대의 가장 중요한 도의적 과제라며 2050년까지 CO_2 배출을 1990년 수준보다 80퍼센트가량 줄여야 하며 2025년까지 미국 전체 전력의 25퍼센트를 재생에너지로 대체해야 한다고 주장했다.

이와 같은 후보 시절의 입장은 오바마 정권의 핵심적인 정책으로 자리 잡게 된다. 오바마 행정부는 녹색 에너지 기술에 대한 대대적인 투자 전략을 내세우며 차세대 에너지 기술 개발에 향후 10년간2009~2018년 1500억 달러약 176조 원를 투자해서 500만 개의 고소득 고용을 창출하겠다는 계획을 수립했다. 경제적 측면뿐 아니라 에너지 안보 전략의 핵심에도 녹색 기술의 혁신이 자리 잡고 있다. 에너지 안전 보장을 위해 자원 확보를 최우선 과제로 설정했던 부시 행정부*와 달리 차세대 자동차 및 연료의 이용을 촉진하고 화석연료와 더불어 재생에너지, 차세대 바이오연료, 원자력의 개발을 복합적으로 추진하며 수송, 전력, 산업 및 건축물 분야의 에너지 효율을 개선할 것을 강조하고 있다.

녹색 기술에 대한 대대적인 육성 프로젝트는 '뉴 아폴로 프로젝트New Apollo Project'라 명명했다. 아폴로 프로젝트는 잘 알려져 있듯이 미국이 인간을 달에 착륙시키기 위한 프로젝트였다. 닐 암스트롱Neil A. Armstrong은 인류 역사상 처음으로 달에 첫발을 내딛는 감격의 순간에 이렇게 말했다. "이 한 걸음은 한 남자에게 있어서는 작은 발걸음에 불과하지만 인류에게는 거대한 도약이 될 것"이라고. 이제 미국은 뉴 아폴로 프로젝트를 통해 미국의 에너지 안전보장은 물론 또다시 인류의 거대한 도약을 가져올 청사진을 제시하고 있다.

일본, 에너지 효율 수출국으로

일본은 에너지 자원 측면에서 보면 우리나라와 매우 유사하다. 세계에

• 부시 행정부의 공급 안보 강화 및 탈석유 수입 의존 정책에도 불구하고 미국의 석유 수입 의존도는 2000년에서 2008년 사이에 58.5퍼센트에서 64.1퍼센트로 증대되었고, 전체 에너지 수입 의존도 역시 25.2퍼센트에서 26.0퍼센트로 증가했다. 한편 가계 지출 중 에너지 비용은 4.8퍼센트(2000년)에서 7퍼센트(2008년 말 시점)까지 상승하여 대통령 선거에서도 쟁점 사항 중 하나로 부상했다. IEEJ, 『最近の米国エネルギー政策動向』(2009).

서 가장 가진 게 없는 자원 빈국이다. 우리나라와 마찬가지로 대부분의 에너지 자원을 수입에 의존하고 있는 일본이 '가지지 못한 자의 설움'을 뼈아프게 경험한 것은 다름 아닌 1973년 1차 오일쇼크였다. 1960년대부터 이어진 일본의 눈부신 경제 성장은 급기야 마이너스 경제 성장률을 기록하게 되었고(1974년 -1.2퍼센트), 일본 경제는 전후 최대의 위기에 봉착하게 되었다. 일본 내에서도 "이제까지 일본의 경제 성장은 유상누각油上樓閣에 불과했다."라는 자조적인 목소리가 높아졌다.

우리나라 역시 오일쇼크의 치명적인 영향을 피해 갈 수 없었다는 점에서는 일본과 같은 상황이었다. 하지만 이 위기를 얼마나 경쟁력 제고의 기회로 삼을 수 있었는가라는 점에서는 사뭇 달랐다.

일본 정부와 산업계는 오일쇼크를 계기로 "가지지 못한 나라가 에너지 가격의 급등락이나 에너지 공급의 중단 등 에너지 안보의 위기 상황에 대응할 수 있는 근본적인 대안은 무엇일까?"를 진지하게 고민하기 시작했다. 고민의 결과 얻은 하나의 해법은 바로 가장 적은 투입으로 가장 많은 산출을 낼 수 있도록 체질을 개선하는 것, 즉 '에너지 효율'을 개선하는 것이었다. 이후 일본 정부의 강력한 에너지 효율 제고 정책과 산업계의 개선 노력에 힘입어 일본은 에너지 저소비형 경제 성장이라는 질적 성장으로의 전환과 동시에 세계 최고의 에너지 효율 국가로 변신하게 된다. 1973년 1차 오일쇼크 당시와 30년 후인 2003년을 비교해 보면 놀랍게도 일본 산업계가 투입한 에너지의 총량은 동일하다. 동일한 부가가치를 생산하기 위해 투입하는 에너지의 양을 비교해 보면* 일본을 1이라고 할 때 OECD 국가

---

* 부가가치 에너지원단위는 각국의 에너지 효율을 비교할 때 자주 사용되고 있으나, 동일한 에너지를 투입해서 제품을 만들어도 제품의 부가가치에 차이가 발생하기 때문에 에너지 효율의 단순 비

일본의 에너지 소비 증가(1973~2004)

원유 환산
(백만 kl)

에너지 소비 증가
(1973~2004)

1차 오일쇼크 2차 오일쇼크   걸프전

수송 부문   2.1배

민생 부문   2.5배

산업 부문   1.0배

※출처: Ministry of Economy, Trade and Industry(www.meti.go.jp)

평균은 2.0, 한국은 3.3, 중국은 9라는 에너지를 투입해야 한다.

세계 최고의 에너지 효율국으로 변신한 일본은 2006년 중장기 국가 에너지 전략을 제시한 '신新국가에너지전략'을 통해 또 한 번 에너지 효율의 대대적인 개선 의지를 표명한다.

'신국가에너지전략'에서 일본은 신재생에너지의 보급과 함께 이미 세계 최고인 에너지 효율을 2030년까지 30퍼센트 추가 개선한다는 목표를 내세우고 있다. 특히 과거 30년 동안 에너지 효율을 개선한 것은 일본 국내에서 사용되었지만, 앞으로 에너지 효율 기술 제품, 프로세스를 '전략 상품화'* 해서 에너지 효율 개선이 절실한 중국, 인도 등의 국가에 수출하겠다는 전략이다.

교에는 적용되기 어렵다.

* 일본《아사히 신문》은 에너지 효율의 수출이야말로 'J-brand'라고 평가했다. 「신전략을 추구하며: 에너지 안전보장」,《아사히 신문》(2006. 6. 7).

2008년 6월 후쿠다 야스오福田康夫 전 총리는 '후쿠다 비전'을 통해 "일본은 이제 저탄소 국가로 간다."는 점을 공식적으로 선포했으며, 신재생에너지의 핵심 기술을 구체화하고 차세대 기술 개발을 본격 추진하겠다고 발표했다.

중국, 흑묘도 백묘도 아닌 녹묘!

많은 사람들이 정확히 인식하지 못하고 있는 또 하나의 사실은 개발도상국 중국의 정책 방향이다. EU나 일본, 미국과 같은 선진국이나 1인당 국민 소득 수준이 일정 단계를 넘어선 국가들 정도는 되어야 환경이나 개발이냐의 낡은 논쟁에서 벗어나 환경을 개선하려는 적극적인 움직임을 보일 것이라는 것이다. 하지만 이렇게 생각한다면 큰 오산이다.

중국의 변화를 상징하는 하나의 사례를 들어 보자. 1978년 덩샤오핑은 개혁 · 개방 경제로의 전환을 적극 추진하면서 "흰 고양이든 검은 고양이든 쥐만 잘 잡으면 된다."는 실용주의 노선을 강하게 추진한 바 있다. 이른바 '흑묘백묘黑苗白描'론이다. 하지만 최근 중국에서는 이제 흰 고양이도 검은 고양이도 아닌 녹색 고양이가 되어야만 한다는 '녹묘 경제綠苗經濟'론이 급속히 부상하고 있다. 때 아닌 녹묘 경제론의 배경에는 중국이 안고 있는 환경과 에너지 문제가 향후 중국의 지속 가능한 경제 성장을 저해할 가장 큰 걸림돌 중 하나로 지목되고 있는 현실이 있다.

급속한 경제 성장과 함께 중국의 에너지 소비 및 수입 의존도가 급증하고 있는 것은 주지의 사실이다. 중국은 2002년 미국에 이어 세계 2위의 석유 소비국으로 부상했으며, 석유 수입 의존도는 2000년 34퍼센트에서 2020년에는 62퍼센트로 급증할 것으로 전망된다. 다칭大慶, 승리勝利, 랴오허遼河 등 중국의 3대 대형 유전 모두가 노령화되어 국내 석유 생산이 한계에 직면한 상황에서 소비 급증으로 인한 에너지 수입 의존도가 증폭하게 된 것이다. 한편 2001~2005년 사이에 평균 GDP 성장률 9.5퍼센트의 고도 성장을 이루는 과정에서 에너지 소비량은 55퍼센트나 급증하는 등 낮은 에너지 효율로 인한 '에너지 폭식형 경제 성장'이 중국 경제의 최대 취약점 중의 하나로 부각되기 시작했다.

에너지 수입 의존도의 증가와 에너지 폭식형 경제 성장에 대한 중국 정부의 우려는 「11차 국가 5개년 계획2006~2010년」에 잘 나타나고 있다. 여기서 중국은 2010년까지 에너지원단위를 2005년 대비 20퍼센트 감축하겠다는 목표를 제시했다. 중국 언론은 정부가 거시경제 정책에 에너지 효율 목표를 포함시킨 것은 매우 이례적인 일이라고 평가했다.

에너지 효율의 취약성을 극복하기 위해 2006~2008년 동안 중국 정부는 소형 화력발전소3826만 킬로와트 규모와 제철소, 시멘트 공장 등을 폐쇄했으며, 2009년에는 70억 위안약 1조 원을 투입해서 자동차 및 가전 분야에서 오래된 낡은 제품을 신형으로 교체하는 '이구환신以舊換新' 프로그램을 실행했다.*

녹색 에너지의 확대를 향한 중국 정부의 의지도 확고하다. 2020년까지 1800억 달러를 투입해서 풍력, 태양광 등 녹색 에너지의 비중을 확대하고 관련 산업을 육성하겠다는 전략이다.

---

* KISTI, 「글로벌동향브리핑(GTB)」(2009. 12. 14.)

6 이해관계자의 요구 변화

기관투자가도 주목하는 탄소 공개 프로젝트

기후 변화로 인한 경영 환경의 변화 중 기업이 반드시 촉각을 세우고 주목해야 할 점이 있다. 그것은 기업이 원하든 원하지 않든 간에 온실가스 감축 등과 관련하여 기업의 대응 여부에 관해 설명을 요구하는 이해관계자들이 증가한다는 사실이다. 기관투자가, 은행, 보험회사, 증권회사 애널리스트, 고객 기업, 소비자, 미디어, 규제 당국 등 그 범위는 매우 넓다.

기업의 기후 변화 대응 정보를 공개토록 한 대표적인 프로젝트는 바로 2002년 런던에서 시작된 탄소 공개 프로젝트CDP: Carbon Disclosure Project이다. CDP는 세 명의 영국인들이 모여서 기업에 대한 투자 판단의 새로운 잣대로 기업의 온실가스 감축 관련 정보를 공개토록 하는 방안을 논의하던 중 생겨난 실험적 프로젝트에서 출발했다. 이들은 기업의 온실가스 배출 감축의 중요성이 강조되고 있는 반면 기업으로부터의 실질적인 정보는 없기 때문에 투자가들이 투자 판단의 근거로는 활용하지 못하고 있다는 점에 착안했다. 어떻게 해야 기업으로부터 관련 정보를 얻을 수 있을까를 고민하던 중 기업의 정보를 개별 기관의 차원에서 요청하는 것은 그다지 효과적이지 못할 것이라는 판단 아래 기업의 탄소 정보를 얻고자 하는 투자 기관들의 공동 명의로 대상 기업에 질문장을 보내기로 의견을 모았다.

2003년 1차에서 시작된 CDP는 2008년 6차에 이르기까지 빠르게 그 범위를 확대하고 있다. 2003년 1차 CDP에는 35개사(운용자산 총액 4조 5000억 달러)의 기관투자가가 참여하여, 《파이낸셜 타임스》가 선정한 500대 기업시가총액 기준을 대상으로 정보를 요구했다. 이후 CDP에 참여하는 기관투자가와 대상 기업의 수는 회가 거듭할수록 증가하여 2008년 6차 CDP에 참여한 기관투자가는 385개사(총운용자산 57조 달러), 대상 기업은 3,000개

CDP 프로젝트 개관

	CDP1 (2003)	CDP2 (2004)	CDP3 (2005)	CDP4 (2006)	CDP5 (2007)	CDP6 (2008)
참여 기관투자가 수	35	95	155	284	315	385
투자 기관 총운용자산(달러)	4.5조	10조	20조	31조	41조	57조
대상 기업 수	500	500	500	1900	2400	3000
응답율 (FT 500기업만)	47퍼센트	60퍼센트	71퍼센트	72퍼센트	77퍼센트	77퍼센트

※출처: www.cdproject.net

사로 늘어났다.

CDP가 회를 거듭할수록 기관투자가의 참여가 늘어나고 있는 것은 투자 판단의 근거로서 기업의 탄소 배출 관련 정보의 중요성이 증가하고 있음을 나타내고 있다. 또한 기업의 응답률도 증가하고 있어 기업 역시 온실가스 배출에 대한 대응 및 정보 공개의 필요성을 인식하기 시작하고 있음을 보여 준다.

저탄소 경제 시대, 소비자의 하루

저탄소 경제, 한국의 소비자들에게는 아직 피부에 와 닿지 않는 자못 생소한 용어이다. 하지만 최근 저탄소 경제로의 이행이 본격화되고 있는 유럽에서는 저탄소 시대를 앞당기기 위한 각종 정책과 비즈니스가 활성화되고 있는 가운데 소비자들의 일상 역시 크게 바뀌고 있다. 저탄소 경제 시대 소비자들의 하루는 어떤 모습일까? 영국 런던에 거주하는 30대 여성의 일상에서 나타나는 변화를 가상해서 살펴보기로 한다.

아침 6시 30분, 눈을 뜨자마자 그녀는 신문을 펴 들고 자신이 투자한 탄소 펀드 관련 기사를 훑어본다. 신문의 경제란에는 주식, 원자재 가격 등과 더불어 탄소 시장에서 거래되는 배출권의 가격 동향이 눈에 띈다.

오전 8시. 출근을 위해 집을 나선 그녀는 새로 구입한 배기량 2,000cc의 볼보 승용차를 몰고 갈까 하다가 포기한다. 엄청난 액수와 혼잡통행료 때문이다. 런던 시는 켄 리빙스턴kenneth Robert Livingstone 전 시장의 강력한 기후 변화 정책에 따라, 이미 2003년부터 시내의 특정 구간을 진입하는 모든 차량에 대해 혼잡통행료를 8파운드약 1만 5000원씩 징수해 왔다. 런던 시내의 도로 바닥에는 혼잡통행료Congestion Charge를 의미하는 'C'자가 여기저기에서 눈에 띈다. 한편 런던 시는 혼잡통행료를 CO_2 배출량에 연계시키려는 정책까지 추진했다. 예컨대 킬로미터당 탄소 배출량이 225그램을 넘는 차량은 8파운드가 아닌 25파운드약 5만 원의 통행료를 내야 한다. (이 정책은 켄 리빙스턴 전 시장이 3선에서 고배를 마시면서 아직 시행되지는 못하고 있는 상황이다.) 그녀는 별 수 없이 무료 자전거 대여소로 발길을 돌린다.

오전 11시, 그녀는 사무실에서 우편물을 확인한다. 봉투에는 '탄소 중립Carbon Neutral'이라는 로고가 찍혀 있다. 이 로고는 제품에서 발생하는 CO_2 배출을 상쇄해 실질배출량을 제로로 만들었을 경우 부착할 수 있다. 영국 우정공사 로열메일은 우편물 수송시의 탄소 배출량을 산정하고 이를 상쇄하기 위해 삼림 조성 등에 기부를 한 후 모든 우편물에 이 로고를 부착할 계획이다.

오후 6시, 퇴근 후 수퍼마켓에 들른 그녀. 손에 든 포테이토칩 봉지에는 '탄소 발자국Carbon Footprint'이 표기되어 있다. 탄소 발자국이란 제품을 생산, 제조, 배송, 폐기하는 전 과정에서의 CO_2 배출량을 합산해 표기하는 제도로, 제품의 탄소 배출량을 소비자에게 알리기 위한 것이다. 영국은 2008년 2월부터 이 제도를 도입했으며, 프랑스도 3년 이내에 모든 제품에 탄소 발자국 라벨을 의무화할 예정이다. 소비자는 탄소 발자국이 적은 제품을 구입함으로써 기후 변화 방지 활동에 동참할 수 있고, 기업은 상품의 차별화 마케팅을 하는 셈이다.

오후 7시, 쇼핑을 마친 그녀는 친환경을 테마로 한 신용카드를 꺼내 결재를 한다. 플라스틱 대용물질인 친환경소재 PETG˚로 만들어진 이 카드는 친환경 상품을 구입하거나 친환경 서비스를 이용할 경우 할인 혜택이 있다.

오후 9시, 텔레비전을 켠 그녀는 격세지감을 느낀다. 선남선녀 모델들이 나와 쿨한 시승 모습을 선보이던 자동차 CF의 풍경이 바뀌어 있는 것이다. 풍력발전기를 배경으로 한 자동차 CF의 광고 콘셉트는 이 차가 얼마나 친환경적이며 탄소를 적게 배출하는지에 초점을 두고 있다.

위의 사례는 가상이지만 이미 영국에서 시행중이거나 조만간 시행될 예정인 저탄소 정책이다. 영국뿐만이 아니다. 독일은 2009년 1월부터 자동차세의 세율 기준을 배기량 기준에서 CO_2 배출량 기준으로 변경했다. CO_2 배출량이 100g/km 미만인 차량의 자동차세는 면제되는 반면 CO_2 배출량이 많은 차량에는 고액의 자동차세를 부과한다. 면세 기준을 충족시키는 차는 현재 도요타와 닛산의 하이브리드카 정도이다. 자동차업계는 이와 같은 환경 규제가 향후 일본 차의 판매를 유리하게 할 것으로 내다본다. 그뿐만이 아니라 중고차 시장에도 격변이 일어나고 있다. CO_2 배출량이 많은 차량의 경우 중고차의 가격이 크게 떨어지고 있는 것이다. 차고에 세워 두기 위해 승용차를 구입하는 소비자들이 얼마나 될까?

프랑스의 경우는 2008년 1월부터 자동차 구입시 보조금-부과금Bonus-Malus 제도를 도입했다. CO_2 배출량이 적은 차를 구입할 때는 보조금을 받는 반면 CO_2 배출량이 큰 차를 구입하게 되면 부과금을 내야 하는 방식이다. 예를 들어 CO_2 배출량이 60g/km 이하인 차량을 구입할 때는 5,000유로약 800만 원의 보조금, 121~130g/km 구간의 차량을 구입할 때에는

• PETG(Polyethylene Terephthalate Glycol)는 폴리염화비닐(PVC)을 대체할 수 있는 무염소 소재로, 유해가스나 공기 오염 없이 소각 가능한 친환경 소재이다.

200유로약 32만 원의 보조금을 받게 된다. 반면에 250g/km 이상의 CO_2를 배출하는 차량을 구입하게 되면 2,600유로의 부과금을 내야 한다. 이 정책을 도입한 지 1년 만에 CO_2 배출량이 적은 보조금 구간130g/km 이하의 차량 수요는 10퍼센트나 증가했다. 빠른 정책 효과를 실감한 프랑스 정부는 향후 20여 개의 가전제품에도 이 제도를 확대 도입할 예정이다.

저탄소 경제 시대의 새로운 환경 규제 정책들은 기업의 경영 환경과 기존의 상품 시장에 적지 않은 충격을 가하고 있으며, 소비자들의 구매 행동에도 크게 영향을 미치고 있다.

그린 컨슈머의 요구에 부합하려면

환경에 대한 소비자들의 관심이 높아지고 있음에도 불구하고 소위 '친환경'을 내세운 제품들이 시장에서 고객에게 외면당하는 사례들이 적지 않음은 주지의 사실이다. 연말이면 언론 등을 통해 떠들썩하게 소개되곤 하는 올해의 히트 상품 리스트 등을 보아도 그다지 친환경 제품들의 선전이 눈에 띄지 않는다. 왜 그럴까?

환경에 대한 소비자들의 우려와 관심이 증가하고는 있지만 막상 제품의 구입으로 이어지는 단계까지는 이르지 않은 것일까? 아니면 기업의 친환경 제품 및 마케팅 전략에 문제가 있는 것일까?

맥킨지앤드컴퍼니가 2007, 2008년에 실시한 설문 조사에 따르면* 환경

---

* Mckinsey, "How Companies Think About Climate Change," *Mckinsey Quarterly*(2007. 12) ; Mckinsey, "Addressing Consumer Concerns About Climate Change," *Mckinsey Quarterly*

친화적인 제품을 구매할 용의가 있으며 이미 구입하고 있다는 소비자들은 전체 응답자의 약 21퍼센트로 나타나고 있다. 친환경 제품을 구매할 용의는 있지만 현재는 하지 않는다가 13퍼센트, 고려하기는 하지만 아무 노력도 하지 않는다가 약 53퍼센트를 차지하고 있다. 환경에 대해 고려하지 않는다는 응답도 13퍼센트로 나타났다.

이 설문조사 결과는 해석하기에 따라 다른 메시지로 다가올 수 있다. 첫째는 환경에 대한 관심의 증가에도 불구하고 실제로 친환경 제품을 위해 호주머니를 열고 있는 소비자들은 21퍼센트 정도에 불과하다는 해석이다. 둘째는 아직 적극적인 구매로 이어지지는 않고 있지만 친환경에 대한 관심을 가진 소비자가 이미 87퍼센트에 이르고 있다는 사실이다.

환경 문제에 관심을 가지기 시작한 소비자로 하여금 친환경 기업이라는 브랜드 이미지에 호감을 갖게 하고 친환경 제품을 구입하도록 선뜻 지갑을 열게끔 하기 위해서는 어떤 전략이 필요할까? 『부를 창출하는 그린경영*Green to Gold*』의 저자 대니얼 에스티와 앤드루 윈스턴은 기업들의 환경 전략이 실패하지 않기 위해 유의할 점에 대해 다음과 같은 예를 들고 있다.*

첫째는 가치 사슬 전반에 대한 정확한 파악이 전제되어야 한다. 포드사는 지속 가능한 제조의 상징적인 조치로 20억 달러라는 거금을 들여 미시간 주 디어본에 소재한 사업장을 환경 친화적으로 변신시키는 데 성공했다. 하지만 자동차 산업의 라이프사이클에서 볼 때 환경 부하가 가장 큰 것은 제조 단계가 아닌 사용 단계, 즉 자동차의 배기가스를 줄이는 일

(2008. 3).

* Daniel C. Esty & Andrew S. Winston, *Green to Gold*(Yale University Press, 2006).

이다. 포드가 공장 지붕에 잔디를 심는 동안 도요타는 혁명적인 하이브리드카의 개발에 착수한 결과 친환경 자동차의 새로운 장을 열었다. 포드가 추진한 사업장의 그린화 전략은 훌륭한 시도였지만, 가치 사슬 전체를 놓고 볼 때는 절반의 성공에 불과했다고 볼 수 있다.

둘째, 소비자들은 환경 친화적이라는 이유만으로 비싼 제품을 선택하지는 않는다는 점이다. 소비자가 우선적으로 중시하는 것은 여전히 품질, 가격, 서비스다. 셸Shell은 일반 가솔린보다 가격이 비싼 친환경 연료 퓨라Pura를 네덜란드에서 출시했지만, 팔리지 않았다. 팀버랜드Timberland는 유기농 면소재를 사용한 티셔츠를 25퍼센트 정도 높은 가격에 출시했지만, 역시 결과는 성공적이지 못했다. 반면 도요타는 하이브리드카를 판매하면서 단지 환경 친화적이라는 점만을 내세우지 않는다. 도요타는 하이브리드카에 업계에서도 평판이 자자한 파워트레인을 탑재해서 기능에서도 탁월한 차이를 보이고, 더불어 환경 친화적이기까지도 하다는 점을 강조하고 있기 때문이다.

셋째, 소비자들의 의식 수준의 차이를 정확히 읽어야 한다. 맥도날드에서는 대량의 쓰레기가 발생하는데 이중 약 30퍼센트가 액체이다. 이 처리 비용에 고심하던 맥도날드는 스웨덴에서 남은 음료수를 다른 쓰레기와는 별도의 용기에 버리도록 하는 조치에 들어갔다. 내점객의 75퍼센트 정도가 분리 수거에 협조한 결과 쓰레기의 중량은 25퍼센트나 줄었고, 처리 비용 역시 크게 절감되었다. 하지만 이러한 조치는 미국에서는 성공하지 못했다. 소비자들의 의식 수준이 다르기 때문이다.

환경을 내세운 제품과 마케팅이 성공하기 위해서는 가격이 타당한가, 마케팅 방법이 적절한가, 환경 보호와 관련해서 고객이 원하는 것은 무엇

인가를 정확히 파악해서 소비자들의 니즈를 충족시키는 제품과 서비스를
설계하고 제공할 수 있어야 한다.

7 경쟁 기업의 움직임

GE의 에코매지네이션

최근 경영자들은 에너지와 환경 분야에서 분명 과거의 일시적인 열풍과는 사뭇 다른 거대한 변화가 일어나고 있고, 이러한 변화가 결국 기업에 새로운 수익을 창출할 절호의 기회로 작용할 것이라는 점을 느끼고 있다. 하지만 많은 기업에 있어 친환경 비즈니스는 신사업 리스트에 끊임없이 올라가 있을 뿐 정작 투자를 결정하는 순간에는 우선순위에서 밀리는 경우가 적지 않았다. 기업마다 이유는 각양각색이겠지만, 공통된 가장 큰 고민은 환경 문제에 대한 관심과 우려에 비해 관련 시장이 과연 투자 기업의 희망만큼 빨리 형성될 것인가라는 의문에 있다. 실제로 '석유를 넘어서 Beyond Petroleum'라는 대대적인 캠페인을 통해 친환경 에너지에 대한 열정

2001년 GE의 회장으로 취임한 제프 이멜트는 2004년 '에코매지네이션(ecology+imagination)'을 GE의 핵심 성장 전략으로 선포했다.

을 과시했던 영국의 석유 메이저 BP BP AMOCO조차도 이후 "지향하는 목표와 실천할 수 있는 약속은 다르다."며 친환경 에너지가 주주들에게 큰 수익을 가져다 줄 수 있는 예상 시점을 변경한 바 있다.

그렇다면 저탄소 경제로의 이행에서 새로운 기회를 잡기 위해 이미 달려 나가고 있는 선두주자들. 그들은 과연 어떤 고민을 거쳐서 친환경 비즈니스에 과감한 투자를 결정하게 되었을까? 선두주자들의 투자 고민과 전략을 살펴보는 것은 이러한 의문에 중요한 판단 기준이 되리라 생각한다.

친환경 제품 하면 가장 먼저 떠오르는 기업은 GE가 아닐까 싶다. 잭 웰치 회장의 뒤를 이어 2001년 GE의 신임 CEO로 취임한 제프 이멜트 Jeffrey R. Immelt 회장은 2004년 '에코매지네이션 ecomagination: ecology+imagination'이라는 새로운 전략을 GE의 성장 전략의 핵심으로 선포했다. 상상력을 발휘해서 환경, 에너지 분야에서 신제품과 서비스를 확충하겠다는 전략이다. 수소 연료전지, 수처리 시설, 풍력발전, 청정 석탄, 환경 친화적인 항공기, 기관차 엔진에 이르기까지 청정 기술의 개발을 통해 세계가 안고 있는 환경과 에너지 문제를 해결함으로써 수익 창출의 기반으로 삼겠다는 것이다. 청정 기술을 연구하는 열일곱 개 사업 부문의 매출을 2004년 100억 달러에서 2010년까지 200억 달러로 늘리고 관련 연구 개발비도 두 배*로 늘리겠다는 야심 찬 계획이었다. 에코매지네이션 캠페인을 선포하는 자리에서 제프 이멜트 회장은 "내가 CEO로서 환경을 테마로 이와 같은 이야기를 하게 될 줄은 꿈에도 생각지 못했다."라고 허심탄회하게 고백했다고 한다. 청정 기술 관련 연구 개발비를 두 배로 증가

• 2010년 GE의 청정 기술 관련 연구개발비는 15억 달러 수준으로 예상된다. 2004년 GE의 총 연구 개발비는 31억 달러였다.

시키겠다는 본사의 발표에 GE글로벌리서치센터의 연구원들이 주차장에서 춤을 췄다는 것도 유명한 일화이다.

뉴욕의 허드슨 강에 화학물질을 방출하고 원자력과 석탄 사용으로 악명 높았던 GE의 이러한 변화에 대해 그린워시greenwash: 홍보성 정책에 불과하다는 비판도 적지 않았다. 한편 보다 근본적인 의문도 제기되었다. 첫째, 친환경 사업이 기업 윤리의 향상에 도움을 주는 동시에 높은 수익성도 보장해 준다는 이멜트 회장의 생각은 과연 맞는 것일까? 둘째, 이미 확립된 기술을 업그레이드하는 데 능숙한 GE가 과연 연료전지, 태양에너지, 수소 저장 등과 같이 검증되지 않은 제반 기술의 혁신을 성공시킬 수 있을까? GE의 에코매지네이션 전략은 "1980년대 이후 가장 대담하고 위험한 전략"이라고까지 평가되었다.

그러나 GE가 에코매지네이션 전략을 채택하기까지는 철저한 수요 조사가 전제되었다. 환경 친화 제품이 수익을 내기 위해서는 그것을 원하는 고객이 있어야 함은 자명한 사실이다. GE는 이 전략을 채택하기 전 18개월 동안 '미래 상상력 세미나dreaming session' 등에 고객 기업의 CEO를 초청해 의견을 구했다. 2015년의 미래 사회는 어떤 모습일지, GE의 어떤 제품이 필요하게 될지를 마음껏 상상해 달라고 부탁한 것이다. 이를 통해 GE가 얻게 된 메시지는 분명했다. 연료비 인상, 환경 규제 강화, 청정 기술에 대한 수요 증가가 바로 그것이다. 특히 에너지 산업에서는 이러한 추세가 더 강하게 나타날 것으로 예상되었다. 고객이 원하는 것이 명확했기 때문에 GE는 공격적인 투자 결정을 내릴 수 있었다.[*]

- [*] "The Greening of General Electric," *The Economist,* print edition(2005. 12. 8.)

2008년 말 기준으로 GE의 친환경 연구 개발 투자액은 누계 40억 달러에 이르고, 그 과정에서 저연비 하이브리드 디젤 전기 기관차나 연료 효율을 15퍼센트 향상시킨 항공기용 엔진 등의 다양한 신기술이 창출되었다. 그러한 노력에도 불구하고 2008년 이후 세계적인 경제 불황에 휩싸이면서 GE의 경영 환경 역시 순탄치만은 않았다. 2008년 GE의 매출¹⁸²⁵억 달러은 전년 대비 6퍼센트 증가했음에도 순이익¹⁷⁴억 달러은 22퍼센트나 줄었다. 순이익이 감소한 데에는 금융 자회사인 GE캐피탈의 부진이 컸다. 이와 같은 상황에서 효자 노릇을 하고 있는 것은 다름 아닌 에코매지네이션 제품들이다. 에코매지네이션을 지원하고 있는 인프라스트럭처 부문은 2008년 순이익이 60억 달러에 달해 GE의 주력 부문으로 등극했다.*

자동차 업계의 친환경차 선점 경쟁

에너지 효율과 친환경이라는 화두를 중심으로 다시 한 번 무한 경쟁의 시대에 돌입하게 된 것은 다름 아닌 세계 자동차 업계이다. 하이브리드, 플러그인하이브리드, 전기 자동차 등의 친환경 자동차의 판매는 2008년 전체 자동차 시장의 1퍼센트 수준에 불과했지만, 2030년에는 약 60퍼센트를 차지할 것으로 전망되고 있다.**

친환경차의 새로운 지평을 연 것은 다름 아닌 도요타였다. 하이브리드 카 프리우스의 역사는 1990년대 초반, 도요타가 21세기에 대한 비전과 경

---

* 「米ゼネラルエレクトリック 医療とエコに賭ける」, 《日経ビジネス》(2009. 6. 22.)
** IEA, World Energy Outlook 2009. http://www.worldenergyoutlook.org

영 전략을 모색하는 과정에서부터 시작된다. 1993년 당시 도요타의 회장이던 도요타 에이지豊田英二는 지금과 동일한 개발 방식으로는 21세기에 살아남을 수 없을 것이라는 강한 위기감을 피력한다. 버블 경제기의 일본 자동차 업계에는 대형화, 고급화의 트렌드가 지속되었으나, 도요타 에이지 회장은 머지않아 이 트렌드에 변화가 올 것이며, 이 변화에 선제적으로 대응하지 않을 경우 도요타는 위기에 빠질 것이라고 경고한다. 1993년 9월, 도요타는 21세기의 자동차가 갖추어야 할 조건을 연구하는 위원회 형식의 프로젝트 'G21'을 발족시킨다.

G는 지구를 의미하는 'globe'의 약자로 일명 꿈의 프로젝트로 불렸는데, 이 위원회에서 내놓은 21세기 자동차의 조건은 "현재의 자동차의 장점을 모두 유지하면서 자원 및 환경을 배려한 차"였다.

차세대 자동차로 '하이브리드카'가 상정되면서 도요타는 기술력과 자금을 총동원한 하이브리드카의 본격적인 개발에 착수한다. 물론 내부적으로 반대 의견도 없었던 것은 아니다. 프리우스 개발의 주역인 우치야마다 수석엔지니어는 당초 양산차로서의 프리우스 개발이 비용 면과 기술 면에서 승산이 없다며 반대한 바 있다. 하지만 도요타는 적자를 각오로 세계 최초의 기술에 도전한다.

1995년 8월 사장으로 취임한 오쿠다 히로시奥田碩는 '스피드 경영'을 내세우며 "빨리 완성하는 것에 절대적인 의미"가 있으며 "다소의 결함을 이유로 시기를 늦추지 마라."며 프리우스의 완성 시기를 앞당기도록 지시를 한다. 완벽함을 추구하는 일본 기업으로서는 이례적인 일이었다. 1996년 도요타는 프리우스의 발매에 앞서 하이브리드 신기술을 발표하고 1997년 프리우스의 발매에 들어갔다.

적자를 각오하면서까지 프리우스의 판매에 나선 데에는 세계 최초의 기술 개발과 환경을 고려하는 도요타의 이미지를 어필하려는 전략이 작용했다. 하이브리드카의 발매로 도요타는 배기가스를 다량으로 방출시키는 기업이라는 이미지를 불식시키는 데 성공했다. 당시 미국의 '빅3'GM, 포드, 크라이슬러와 유럽의 자동차 업계는 연료전지차에 주력한 결과 하이브리드 기술에서는 경쟁력이 낮은 상태였다. 도요타는 결함을 보완한 신형 프리우스로 차세대 동력원의 업계 표준de-facto standard을 장악하는 전략을 강화하기 시작했다. 2006년부터는 닛산 자동차에 하이브리드 시스템을 공급하는 등 타 업체와의 기술 제휴를 통해 비용 절감에도 나섰다.

반면 2009년 3월, 세계 최대 자동차 기업 GM의 수장 릭 왜고너Rick Wagoner 회장은 쓸쓸한 퇴임을 맞이했다. 형식적으로는 자진 사임의 형태였지만, 30년간 자동차 현장의 산 증인으로 '미스터 디트로이트Mr. Detroitte'로 불리던 왜고너 회장은 고유가와 기후 변화 등 자동차 산업을 둘러싼 외부 경영의 변수를 제대로 파악하지 못한 것이 GM의 추락을 가져왔다는 사임의 변을 남기며 GM을 떠나야 했다. 왜고너 회장은 2008년 6월에도 이미 대형차 생산을 고집해 온 GM의 전략은 오류였다며 전략의 실패를 시인한 바 있다.

최근 친환경차 선점 경쟁에서 선두를 달리던 도요타 역시 과잉 생산과 무리한 원가 절감에 따른 부작용으로 창사 이래 최대 위기에 처하게 되면서 세계 자동차 업계는 언제라도 1등이 뒤바뀔 수 있는 격변의 시대에 돌입하게 되었다. 하지만 고유가와 기후 변화라는 트렌드를 배경으로 각국 정부의 배출가스 규제 및 그린카 보급 확대를 위한 지원이 대폭 강화되는 가운데 21세기 자동차 업계의 사활은 에너지 효율 및 친환경 기술 개발에 달려 있다고 해도 과언이 아닐 것이다.

도레이의 탄소섬유 개발

친환경이라는 화두를 기치로 기술 개발과 제품 및 서비스의 제공에 주력해 온 기업들이 이제 저탄소 경제 시대를 맞이해 새로운 승자로 급부상하고 있다.

일본 최대 소재 기업인 도레이Toray는 탄소섬유carbon fiber 시장의 확대와 함께 최근 급속한 성장세를 과시하고 있다. 탄소섬유란 자동차나 항공기 등의 동체에 사용되는 수퍼 섬유철보다 강하고 알루미늄보다 가벼운 특수 소재의 하나이다. 도레이는 2007년 말 보잉 사가 차세대 주력 여객기로 개발한 '보잉 787 드림라이너'의 동체 부분에 사용되는 7000억 엔약 9조 원 규모의 탄소섬유를 독점 공급하는 계약을 맺으면서 주목을 끌었다. 보잉 787은 알루미늄 동체보다 4분의 1 이상 가벼우며 평균 운항 거리도 1만 6000킬로미터까지 늘어난 꿈의 항공기이다.

자동차 업계 역시 연비 향상과 배기가스 배출 감소를 위해 탄소섬유에 주목하고 있다. 자동차 차체의 17퍼센트를 탄소섬유로 대체할 경우 전체 무게가 30퍼센트 줄어들고 20퍼센트의 연료를 절감할 수 있기 때문이다.*

화학섬유를 주력 사업으로 하던 도레이가 탄소섬유의 개발에 착수한 것은 1971년의 일이었다. 미래에는 철강보다 가벼우면서도 강도가 훨씬 높

---

* 2009년 11월 '국제 녹색 기술 심포지엄'

은 탄소섬유가 항공기와 자동차, 로켓 등의 핵심 부품 소재로 사용될 것 이라는 판단에서였다. 시장은 도레이의 예상만큼 빨리 커지지는 않았지만 1990년 이후 탄소섬유의 적용 분야가 확대되면서 도레이의 소재 사업은 급속히 성장하기 시작한다. 도레이는 세계 탄소섬유 시장에서 70퍼센트 대의 시장 점유율을 기록하며 1위를 차지하고 있다.[*]

도레이의 성공 신화는 화학섬유 기업들에도 큰 자극제가 되고 있다. 다국적 화학섬유 업체들이 그동안 기술 개발 속도가 더뎠던 나노 섬유, 스마트 섬유, 친환경 섬유 등의 분야에 적극 뛰어들면서 새로운 시장을 향한 경쟁은 더욱 치열해지고 있다. 한국섬유산업연합회에 따르면 세계 신섬유 시장의 규모는 2000년 1965억 달러에서 2015년 5814억 달러 규모로 성장할 것으로 전망되고 있다.

Early Mover 또는 Fast Follower가 되라

저탄소 경제로의 이행 과정에서 친환경 비즈니스를 통해 규제에 앞서가고 이해관계자의 새로운 니즈를 충족시키는 동시에 새로운 성장 동력을 발굴하기 위한 기업들의 행보는 빨라지고 있다. 이는 거의 모든 업종에서 나타나고 있는 현상이며, 연쇄적이고 복합적이다.

자동차가 친환경의 옷으로 갈아입는 과정에서 차량용 배터리 시장의 경쟁은 더욱 뜨거워지고 있다. 앞서 언급한 바와 같이 2030년에 자동차

• 2009년 11월 '국제 녹색 기술 심포지엄'

© Ted Soqui

2009년 로스앤젤레스 모터쇼에서 선보인 GM의 2011년형 플러그인 전기자동차 시보레볼트 (LG화학은 2009년 초 시보레볼트에 탑재되는 리튬이온 폴리머 배터리 납품을 단독으로 수주하는 데 성공했다.)

시장의 60퍼센트를 하이브리드카나 전기자동차가 차지하게 될 경우 세계 배터리 시장은 기존의 전망치를 무색하게 할 성장세를 보일 것이다. 역으로 배터리 분야에서의 혁신적인 기술 개발 여부에 따라 친환경 자동차 산업의 판도 역시 달라질 것이다. 휴대폰과 비교할 때 하이브리드카의 배터리 용량이 100배, 전기자동차가 500~600배의 용량이 필요하다는 점을 고려하면 차량용 배터리 시장이 전체 배터리 시장에 미칠 영향을 짐작할 수 있다.

차량용 배터리 시장의 선두주자는 일본으로, 파나소닉Panasonic은 2009년 2월 1000억 엔약 1조 3000억 원을 들여 차량용 배터리 공장을 착공했으며, 히타치日立는 차량용 배터리의 생산 능력을 2015년까지 현재의 일흔 배로 늘리겠다고 발표했다. 미국 IBM도 2009년 6월 차량용 배터리 시장의 진출을 선언했다.[*]

국내 기업으로는 LG화학의 선전이 눈에 띈다. LG화학은 2009년 초 GM이 개발 중인 전기자동차 '시보레볼트Chevrolet Volt'에 탑재되는 리튬이온 폴리머 배터리 납품을 단독으로 수주하는 데 성공했다. 2013년까지 1조 원을 투자해 전기자동차용 배터리를 생산하는 공장 건설에 들어가는 등 전 세계적으로 2015년까지 10조 원 대로 예상되는 전기자동차용 배터리 시장에서 점유율 20퍼센트에 해당하는 2조 원 매출을 목표로 기술 개발을 추진하고 있다.

SK에너지 역시 전기자동차용 리튬이온 배터리의 기술 개발에 주력한 결과 2009년 11월 독일 다임러 그룹Daimler AG의 글로벌 하이브리드 센터가

• 《조선일보》(2009. 7. 27.)

추진 중인 미쓰비시후소 사의 하이브리드 자동차에 장착될 리튬이온 배터리의 공급 업체로 선정되었다.

2030년 거리를 달리고 있는 차량의 절반이 배터리를 충전하는 형태라면, 지금의 전력 시스템으로 과연 가능한 일일까? 스마트그리드Smart Grid: 지능형 전력망의 보급이 시급한 이유 중 하나이다. 스마트그리드란 IT를 활용해서 전력의 흐름을 공급 측과 수요 측 양 방향에서 제어하여 쓸모없는 발전이나 전력 소비를 억제하는 기술이다. 태양광과 풍력 등 비연속적인 신재생에너지도 편입하기 쉽다. 기업들은 이미 차세대 전력망을 향한 다양한 실험적인 프로젝트에 뛰어들고 있다.

IBM과 독일의 지멘스SIEMENS 등 유수의 기업들이 최근 발트 해의 외딴 섬 보른홀름덴마크령에서 전 세계가 주목할 만한 실험을 시작했다. 인구 4만 명이 거주하는 이 작은 섬 곳곳에는 풍력발전기가 돌아가고 있다. 바람이 없거나 날이 어두워지면 안정적으로 전력을 생산할 수 없는 풍력발전기. 이 단점을 보완해 주는 것은 바로 전기자동차이다.

프로젝트 1단계에서는 풍력발전으로 생산된 전력을 전기자동차에 충전한다. 프로젝트 2단계에서는 전력이 부족할 때 이미 전기자동차에 충전시켜 놓은 전력을 꺼내 기업의 사무실이나 가정 등에서 사용하거나 전력회사에 빌려주도록 하는 작업에 들어간다. 이렇게 하면 에너지 효율은 현저히 높아진다. 각 가정에는 전력 소비 데이터를 실시간으로 보내 소비량을 최적으로 제어하도록 하는 스마트미터기를 설치한다. 자동차 등 전자제품은 전기 요금이 저렴한 심야 시간대에 자동적으로 충전되도록 설정할 수 있다. 소비자들은 굳이 어렵고 복잡한 시스템 자체를 이해하지 않더라도 인터넷을 이용하는 것과 같은 간편한 방법으로 새로운 시스템을 이용할 수 있게 된다. 풍력발전의 비율이 이미 20퍼센트에 이르는 덴마크는 2025년까지 풍력발전의 비율을 50퍼센트로 확대시키는 동시에 보른홀름 섬 방식의 스마트그리드를 전 지역으로 확산시킨다는 계획이다.[*]

국내에서도 글로벌 최첨단 수준의 스마트그리드 구현을 목표로 하는 제주도의 스마트그리드 실증단지 사업[**]이 추진되고 있으며, 이 사업에는 SK텔레콤, KT, LG전자, 한전, SK에너지, 현대중공업 등 국내 대기업들이 대거 참여하고 있다.

이와 유사한 시도는 이미 전 세계로 확산되고 있다. 미국 콜로라도 주의 전력 회사인 엑셀에너지Xcel Energy도 전기자동차와 스마트그리드의 대규모 실험을 시작했다. 엑셀에너지는 콜로라도 주의 볼더에서 스마트그리드 도시 프로젝트를 위한 시스템 개발 사업을 이미 완료했다면서 조만간 고객들에게 스마트 에너지 계량기를 보급할 계획임을 밝혔다.[***]

히타치, 도시바 등 일본의 대형 전자 업체들도 스마트그리드 비즈니스를 향한 조직 재편에 들어갔다. 히타치는 스마트그리드를 추진하기 위해서는 IT와 전력, 환경 기술의 융합 등 종합적인 능력이 필요하다며 대담한 조직 재편과 M&A에 착수했다. 발전 설비나 전력 계통 설비는 물론 IT 전문팀과 전기를 비축하는 축전 기술까지 갖추고 있는 히타치가 IT에 특화된 IBM이나 발전 부문에 강한 GE 등 보다 복잡한 전력망을 제어하는 노

---

[*] 「これが新エネ最前線」,《日経ビジネス》(2009. 10. 16.)

[**] 그린홈 및 그린빌딩을 구축하는 스마트플레이스(Smart Place), 전기자동차 충전소를 구현하는 스마트트랜스포트(Smart Transport), 신재생발전원(풍력 및 태양광)의 전력 품질을 향상시키는 스마트리뉴어블(Smart Renewable) 분야로 구성되어 있다.

[***] KISTI, "미국 전력 기업을 통해 본 스마트그리드 도시의 비전", 「글로벌동향브리핑(GTB)」 (2009. 12. 11.)

117

하우를 갖추고 있다는 것이 자평이다. 2006년 미국의 대형 원자력 기업인 웨스팅하우스Westinghouse 사를 약 6200억 엔에 인수한 도시바는 이번에는 약 4000억 엔을 투입해서 프랑스 아레바Areva의 송변전 배전기기 사업의 인수 경쟁에 뛰어들었다.[•]

스마트그리드의 확대는 가전제품 시장에도 획기적인 변화를 가져올 것이다. 일본 가전업체 파나소닉은 2009년 12월엔 2012년까지 환경 친화적인 '그린홈Green Home' 사업을 새로운 핵심 비즈니스로 육성하기 위해 10억 달러약 1조 원 규모의 투자 계획을 발표했다. 파나소닉이 개발한 가정용 에너지 관리 시스템이 보급되면 이삼 년 이내에 소비자들은 각 가정의 에너지 사용량을 모니터할 수 있고 텔레비전을 통해 수치를 확인할 수 있을 것이며, 이를 통해 사용 에너지를 기존 대비 30~50퍼센트 절감할 수 있을 것으로 전망하고 있다.

구글Google은 스마트 계량기를 설치하지 않고서도 소비자가 가정의 에너지 사용 정보를 파악할 수 있도록 하는 웹 툴인 파워미터Power Meter를 보급하겠다는 계획이다. 이를 위해 2009년 10월 'Energy Inc'라는 TEDThe Energy Detective 장치 제조 파트너와 협력 계약을 체결했다. TED 5000은 10분 간격으로 가정의 에너지 소비 정보를 고객에게 전달하게 된다.[••]

스마트그리드 전문 기업 알엘테크RLtec와 가전 제조 업체 인디싯Indesit은 영국에서 최초로 스마트 가전 시범 사업을 시작할 예정이다. 2009년 12월 알엘테크는 변동 수요 기술dynamic demand technology에 최적화된 냉

• 「世界インフラ争奪戦」,《日経ビジネス》(2009. 11. 27).
•• KISTI, "구글의 파워미터, 스마트 계량기 없이도 에너지 관리 서비스 가능",「글로벌동향브리핑(GTB)」(2009. 10. 7.)

장고 및 냉장냉동고를 보급할 계획을 밝혔으며, 미국의 가전 업체 월풀Whirlpool도 2011년까지 100만 대의 스마트그리드로 호환되는 옷 건조기를 공급할 예정이다. 스마트그리드 호환 건조기를 사용하면 에너지 절약이 가능하도록 전력 수요가 낮은 시간 대를 골라 자동으로 건조를 시작하게 할 수 있는 시스템이다.

저탄소 경제로의 이행은 전기자동차와 스마트그리드의 사례에서와 같이 복합적인 연쇄 작용을 통해 다양한 신개념의 신기술과 비즈니스를 태동시키고 있다. 이제 저탄소 경제를 향한 'Early Mover' 또는 'Fast Follower'가 되야 하지 않을까.

8 기후 변화에 따른 물리적 변화

기후 변화가 기업 경영에 미치는 영향

저탄소 경제로의 이행 과정에서 기업이 직시해야 할 또 하나의 경영 환경 변화는 기후 변화 그 자체로 인한 물리적 변화이다. IPCC의 4차 보고서에서 지적하고 있는 중요한 사실 중 하나는 인류가 지구온난화의 원인 물질인 온실가스를 줄이기 위해 화석연료의 소비를 제한하고 신재생에너지 등의 이용을 확대하는 등 다양한 조치를 취하더라도 2100년까지 지구 온도가 2℃가량 상승하는 것은 불가피하다는 점이다. 지구 온도가 2℃가량 상승할 때 지구 생태계에는 어떤 물리적 변화가 일어날 것이며, 이러한 변화에 가장 많이 노출되고 그 영향을 받게 될 업종은 어떤 분야일까?

지구온난화로 인한 자연재해의 증가로 인해 가장 큰 영향을 받고 있는

NASA에서 위성사진으로 찍은 부탄 히말라야 산맥의 모습이다. 지구온난화로 인해 하얀 빙하가 곳곳에서 녹아 내려 빙하 호수(점선 부분)가 형성되고 있다.

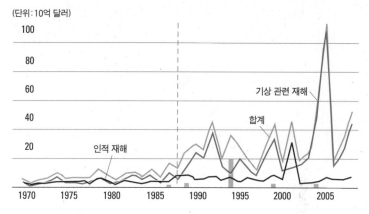

1970~2008년 자연재해로 인한 보험 처리 손실액 추이

(단위:10억 달러)

기상 관련 재해

합계

인적 재해

1970   1975   1980   1985   1990   1995   2000   2005

※미화 10억 달러, 2008년 물가 기준 환산(2008년은 잠정 추정치)
※출처: 스위스 재보험 2008년 재해 관련 손실액에 대한 시그마 대비 추정치

대표적인 업종 중 하나는 보험 업계이다.

위 표에서 보다시피 스위스 재보험 회사 스위스리Swiss Re의 손실액 추이 그래프를 살펴보면 1990년대 이후 자연재해로 인한 보험 처리 손실액은 1970~1980년대에 비해 급격히 증가하고 있다. 초대형 허리케인 카트리나가 미국 남부를 강타했던 2005년에는 보험 처리 손실액이 사상 최대를 기록했다.

이미 1970년대부터 자연재해의 증가로 인한 보험금 지급의 급등을 우려해 온 독일의 재보험 회사 뮈니히리Munich Re의 조사에 따르면 1995~2005년의 10년 동안 1960년대와 비교해 재해 건수가 2.3배, 경제적 손실액은 7배, 보험 처리 손실액은 15.6배 증가한 것으로 나타났다.*

* 末吉竹次郎, 井田徹治, 『カーボンリスク』(北星堂, 2006年), 79~82쪽.

자연재해의 급증은 직접적인 영향을 받는 제반 산업의 기상도에도 영향을 미치고 있다. 2005년 8월 초강력 허리케인 카트리나로 인해 미국 남부의 원유 채굴 및 정제 시설이 파괴되면서 유가가 급등했고, 뉴올리언스 지역의 관광업 및 스포츠 산업은 파멸적인 타격에 휩싸였다. 카트리나로 인한 총 피해액은 약 100억 달러약 11조 원에 달한 것으로 조사되고 있다. 반면 재난 복구 특수로 인해 미국의 시멘트 제조 업체, 건축 시공 업체, 건설 기계 제조 업체의 매출은 증가했다.

섬유 및 의료 업체는 예고 없이 지속되는 겨울철의 따뜻한 날씨와 서늘한 여름 등 이상 기온 현상의 빈발로 골머리를 앓는다. 시즌을 타깃으로 하는 의류의 경우 판매 부진은 물론 이에 따른 재고 처리와 보관 비용 등의 문제에 직면하고 있다. 눈이 녹은 알프스와 너무 더워진 지중해 지역 등 관광업의 지도에도 변화가 불가피할 것으로 보이며, 독일 중부 산악 지역의 스키장은 연간 강설일이 대폭 줄어들면서 스키장 폐쇄까지 고려해야 할 상황에 처해 있다.

지금과 같은 상황이 지속될 경우 2030년이면 우리나라에서도 소나무의 30퍼센트 정도가 소멸될 것이라는 지적이 나오고 있다. "남산 위에 저 소나무"로 시작되는 애국가의 2절 가사가 바뀌어야 할지도 모른다는, 그냥 웃어 넘기지 못할 이야기까지 나오고 있다. 애국가의 가사뿐만이 아니다. 기후 변화로 인한 물리적 변화가 업종별, 사업장별로 초래하게 될 영향을 면밀히 검토해야 할 시점이다.

기상재해가 만들어 내는 새로운 비즈니스

 기후 변화로 인한 물리적 변화가 뚜렷해지면서 이에 적극 대처하는 기업도 증가하고 있다. 기후 변화에 따른 리스크를 방지하기 위한 시도에서부터 새로운 비즈니스 기회로 적극 활용하는 기업에 이르기까지 대응 방식은 다양하다. 《닛케이 비즈니스》는 급증하는 기상이변으로 인해 최근 일본 기업들이 다양한 대응 전략을 구축하기 시작했으며, 이 과정에서 예상치 못했던 의외의 시장들도 생겨나고 있다고 소개하고 있다.•

 예를 들어 일본의 식품 업체 가고메kagome는 대표 상품인 토마토주스의 원료 조달 지역을 다변화함으로써 기후 변화에 따른 리스크를 관리하고 있다. 1997년 세계적인 토마토 산지의 하나인 터키에서는 갑작스러운 많은 비로 인해 토마토의 수확량이 급감한 것은 물론 품질도 떨어지게 되었다. 토마토주스의 원료에 쓰이는 연간 35만 톤의 토마토 대부분을 터키로부터의 수입에 의존하는 가고메는 조달 불능 사태로 인한 최악의 감산 위기까지는 겪지 않았지만 이 사건으로 큰 교훈을 얻게 된다. 기상이변이 심화되는 상황에서 일극 집중의 조달은 위험하다는 점을 배운 것이다. 이후 조달 부문의 리스크를 관리하기 위해 가고메는 한 지역에 대한 의존률이 30퍼센트를 넘지 않도록 하는 새로운 기준을 만들었으며 터키뿐 아니라 미국, 중국, 유럽 등 각국에서 토마토를 수입하도록 체제를 재정비했다.

 일본 최대 가정용 에어컨 제조 업체인 다이킨인더스트리Daikin Industries는 리드타임을 조정하는 방식으로 기상 리스크에 대응함으로써 적자에서

• 「気象異変が拓く意外な市場」, 《日経ビジネス》(2009. 8. 3.)

벗어나 부활의 원동력을 얻은 대표적인 사례다. 여름철 날씨에 가장 민감한 영향을 받는 업종 중 하나가 바로 에어컨이다. 뜨거운 여름이 지속되면 에어컨 출하는 늘고, 서늘하면 수요는 급격히 줄어든다. 더운 여름을 예상해서 제품을 많이 생산했다가 정작 서늘해지면 재고가 늘어나는 리스크가 발생하고, 제품을 적게 생산했다가 갑자기 무더워지면 품절에 따른 기회 손실과 거래처로부터의 신뢰 상실이라는 리스크를 안게 된다. 이와 같은 딜레마를 극복하기 위해 다이킨은 리드타임을 최대한 단축해서 수요 변동에 따른 생산량 조정이 가능하도록 체제를 정비했다. 다이킨은 생산 계획, 부품 업체와의 협력, 제조의 전 과정에서 혁신적인 방법을 도입한 결과 가정용 에어컨의 리드타임을 사흘까지 단축하는 데 성공했다. 리드타임의 단축은 다이킨을 2004년 마쓰시타현재의 파나소닉를 제치고 가정용 에어컨 부문 1위로 도약시킨 최대 공신이 되었다.

일본 건설 업체 아사히카세이旭化成 홈즈는 2007년부터 홍수에 대비한 주택을 판매해서 인기를 끌고 있다. 1층은 기둥만으로 되어 있어 주차장으로 사용할 수 있고 주거 공간은 2층부터 사용되는 단독주택이다. 아사히카세이 홈즈는 이와 같은 형태의 주택이 도시형 홍수에도 강하다는 점을 적극적으로 홍보한 결과 히트 상품으로 만들어 냈다.

GE의 제프 이멜트 회장은 "Green친환경 is Green미국 지폐 색깔", 즉 친환경적인 것이 돈이 된다는 말로 환경에서 새로운 성장의 기회를 찾으려는 GE의 의지를 표명했다. 이후 "Green is gold", "Green is money" 등 수익성 있는 비즈니스로서의 환경을 강조하는 용어들이 연이어 등장하고 있다. 그렇다고 해서 환경이 모든 기업에 돈이 될 수는 없겠지만, 저탄소 경제로 이행하는 과정에서 발생할 수 있는 기업 경영의 전 가치 사슬상의 리스크 요인과 기회 요인을 면밀히 점검하고 이에 대한 명확한 대응책을 제시할 수 있는 기업에 높은 성장의 기회로 화답할 것임은 분명하다.

3부
온실가스 규제 시대의 경영 전략

9 온실가스 규제 시대

'발등의 불'이 된 온실가스 감축

2009년 11월 17일, 주요 일간지들은 일제히 우리 정부가 2020년까지 중기 국가 온실가스 감축 목표를 발표했다는 보도를 머리기사로 다루었다. 11월 초 개최되었던 6차 녹색성장위원회 보고 대회를 통해 이미 중기 온실가스 감축 계획은 어느 정도 윤곽이 드러난 상태였다. 6차 녹색성장위원회 보고에서는 온실가스 감축 수치 목표가 최종적으로 두 개의 안으로 압축되었다. 2020년 BAU Business As Usual: 별도의 감축 노력이 없을 경우의 온실가스 배출 전망치 대비 온실가스를 27퍼센트 감축하는 2안과 30퍼센트 감축하는 3안이었다. 2안은 온실가스 배출을 2020년까지 2005년 수준으로 동결하는 안이고, 3안은 2005년 대비 4퍼센트 감축에 해당한다. 정부의 최종 결정은

3안으로 내려졌다.*

　3안, 즉 2020년까지 2005년 대비 4퍼센트 감축안^{BAU 대비 30퍼센트 감축}은 선진국, 즉 교토의정서상 온실가스 감축 의무가 있는 국가들(부속서 I 국가**)의 감축안***과 비교하면 일본의 7~8분의 1, 영국의 5분의 1 수준에 해당한다. EU는 2020년까지 1990년 배출량 대비 20퍼센트(모두 참여시 30퍼센트)의 온실가스를 줄이겠다고 선언했으며, 일본의 하토야마 유키오 鳩山由紀夫 정부는 2020년까지 1990년 대비 25퍼센트를 줄이겠다고 공약한 바 있다. 미국의 오바마 정부 역시 온실가스 감축에 적극적인 자세로 선회하면서 2009년 12월 코펜하겐 기후정상회의에서 2020년까지 2005년 대비 17퍼센트의 감축 목표를 발표했다. 반면 국제사회가 개도국에 요구하는 감축 수준이 BAU 대비 15~30퍼센트인 점을 감안하면, 개도국 중에서는 가장 엄격한 감축안을 채택한 셈이다.

　그러나 우리 정부의 온실가스 감축 목표 결정에 대한 각계의 반응은 엇갈린다. 우선 산업계는 정부의 감축안이 지나치게 과도하다며 매우 곤혹스럽다는 입장이다. 기업들이 이 상황을 얼마나 부담스러워하는지는 전국경제인연합회가 조사한 설문 조사 결과에서도 쉽게 찾아볼 수 있다.

　• 2020년 BAU 대비 온실가스를 21퍼센트 감축한다는 목표가 1안이었으나, 1안은 각계의 의견을 수렴하고 논의하는 과정에서 가장 먼저 배제되었다.
　•• 교토의정서에 따르면 부속서 I 국가(Annex I)는 온실가스 배출에 대한 역사적 책임을 지니는 국가로 선진국 및 시장경제 이행국을 포함하는 41개국이다. 비부속서 I 국가(Non-Annex I)는 개도국으로 온실가스 감축 의무 대상에서 제외되었다. 부속서 B 국가란 부속서 I 국가들 중 벨로루시와 터키를 제외한 39개국으로 교토의정서상 온실가스 감축 수치 목표를 부여받은 국가이다.
　••• IPCC는 교토의정서상 온실가스 감축 의무를 지닌 선진국 그룹 Annex I에 대해 2020년까지 1990년 대비 25~40퍼센트를 감축하라고 권고하고 있다.

2009년 11월 청와대에서 제6차 녹색성장위원회 보고대회가 열렸다. 왼쪽부터 차례로 김형국
녹색성장위원회 위원장, 이명박 대통령, 저자 김현진 교수.

기 발표된 국가들의 온실가스 감축 목표(2009년 12월 현재)

의무감축국(1990년 대비)		비의무감축국	
노르웨이	30~40퍼센트	한국	BAU 대비 30퍼센트(조건 없음)
뉴질랜드	10~20퍼센트(타국 참여시)	중국	2005년 대비 40~45퍼센트 감축(탄소집약도 방식, 조건 없음)
러시아	20~25퍼센트		
스위스	20~30퍼센트	인도	22005년 대비 20~25퍼센트 감축(탄소집약도 방식, 선진국 지원 전제)
아이슬란드	15퍼센트		
일본	25퍼센트(주요국 동참 전제)	인도네시아	BAU 대비 26~41퍼센트 (선진국 지원 없으면 26퍼센트)
캐나다	3퍼센트		
호주	2~22퍼센트(타국 참여 정도 따라)	브라질	BAU 대비 36.1~38.9퍼센트 (선진국 지원 전제)
EU	20~30퍼센트(모두 참여시 30퍼센트)		
미국	3퍼센트(2005년 대비 17퍼센트)	멕시코	BAU 대비 20.6퍼센트

※탄소 집약도란 탄소 배출량을 국내총생산(GDP)으로 나눈 것으로 GDP 1단위를 생산할 때 탄소가 배출되는 정도를 말한다.
※출처: 지식경제부

전경련이 2009년 10월 200여 회원사를 대상으로 조사한 바에 따르면, 당초 제시되었던 세 개의 안 중 감축 목표치가 가장 낮은 1안(2020년 BAU 대비 21퍼센트 감축, 2005년 배출량 대비 +8퍼센트)도 사실상 달성하기 어렵다고 응답한 기업이 전체 조사 대상의 49.8퍼센트에 달했다. 특히 에너지 다소비 산업의 경우에는 1안도 어렵다고 응답한 기업이 전체 기업의 74퍼센트에 이르렀다.

반면 시민단체들은 정부가 제시하고 있는 감축안은 세 가지 안 모두가 느슨한 목표라며 우리나라의 경제적 능력과 역사적 책임을 고려한다면 더 강도 높은 온실가스 감축 목표를 도입해야 한다고 주장하고 있다. 우리나라의 온실가스 배출량은 2005년 기준 세계 9위이며, 개도국이 선진국의 역사적, 누적적 책임을 강조할 때 흔히 인용되는 온실가스의 누적 배출량 기준으로 보더라도 세계 23위에 해당한다. 온실가스 배출량 증가율은 OECD 국가 중 1위이다.

각계의 엇갈린 반응과 평가 속에서 중기 국가 온실가스 감축 목표는 이미 채택되었다. 이제 대외적으로는 국제사회의 일원으로서 온실가스 감축에 대한 책임을 공유하면서 합리적인 수준의 비용을 분담할 수 있는 외교와 협상의 묘를 살리는 일, 그리고 대내적으로는 온실가스 감축의 부문별 책임과 비용의 분담, 그리고 감축을 위한 효율적인 제도 설계라는 보다 중요한 과제를 안게 되었다.

지구온난화를 둘러싼 외교 전쟁

한국이 국제사회의 책임 있는 일원으로 글로벌 차원의 온실가스 감축 의무를 공유하면서 동시에 합리적 수준의 수용 가능한 비용을 분담하기 위해서는 이제까지 지구온난화를 둘러싼 국제정치의 역사를 면밀히 검토할 필요가 있다.*

앞서 기술했듯이, 지구온난화와 이에 대한 늑장 대처의 위험성에 대한

---

* 교토의정서 협상을 둘러싼 교섭 과정과 각국의 이해관계에 대해서는 김현진, 「기후 변화 레짐의 성립 과정과 일본의 대응: 경제 외교와 환경 외교의 딜레마」, 《평화연구》 제10호(2001년 12월호) 참조.

과학자들과 경제학자들의 끊임없는 지적에도 불구하고 세계 각국의 지도자들은 지구온난화가 인류에 초래할 파멸적 위기 상황에 대한 '경고의 메시지'를 경청하려 들지 않았다. 오히려 이들은 온갖 핑계와 구실을 만들어 대며 지구온난화라는 "불편한 진실inconvenient truth"*을 애써 외면해 왔다.

지구온난화를 방지하기 위한 국제사회의 첫 번째 시도는 1992년 UN 기후변화협약UNFCCC: UN Framework Convention on Climate Change의 체결로 결실을 맺게 된다. 기후변화협약은 국제사회가 지구온난화의 리스크를 인식하고 이에 대한 대응으로서 온실가스를 줄이도록 함께 노력하자는 것을 선언했다는 점에서 굳이 긍정적인 평가를 하자면 소정의 결실을 거둔 측면도 있다. 하지만 기후변화협약은 전 세계가 지구온난화 방지를 위해 노력하자는 데 합의만 했을 뿐 온실가스를 구체적으로 누가, 언제부터, 얼마나, 어떻게 줄일 것인지에 대한 방안을 내놓는 단계에는 이르지 못했다.**

이후 5년간의 협상 끝에 기후변화협약의 부속의정서인 교토의정서가 1997년 체결되었다. 교토의정서는 온실가스를 누가, 언제부터, 얼마만큼

- 앨 고어 전 미국 부통령이 제작, 출연한 지구온난화 관련 다큐멘터리 영화의 제목. 앨 고어는 이 영화로 IPCC와 함께 2007년도 노벨 평화상을 수상했다.
- 대부분의 환경 레짐은 일반적인 원칙들만을 규정한 '골격협약(framework convention)'을 우선적으로 채택하고, 세부적인 규정과 구속력 있는 의무를 포함하는 후속 의정서를 이후에 제정하는 방식으로 성립, 강화되어 왔다. 대표적인 예로 오존층 보호를 위한 국제협상의 결과 1985년 빈 협약이 체결되었으나, 이 협약은 오존층 파괴 문제에 대한 당사국의 감시와 연구 의무만을 규정한 느슨한 형태의 협약이었다. 2년 후인 1987년에 오존층 파괴의 원인 물질인 염화불화탄소(CFCs)의 감축 일정을 담은 몬트리올 의정서가 채택되었으며, 1990년 CFCs 감축을 한층 강화한 런던개정의 정서가 채택되었다.

줄일 것인지에 대한 합의를 이끌어 내는 데 성공했다. 선진국[부속서I 국가]이 2008년부터 2012년까지 5년 동안 1990년 대비 온실가스 배출량을 평균 5.2퍼센트 줄이기로 한 것이다. 교토의정서는 2001년 미국의 교토의정서 탈퇴 등으로 좌초 위기에 처하기도 했으나, 러시아가 비준함으로써 2005년 2월에 극적으로 발효되었다.[*] 2008년부터는 EU, 일본 등 일부 선진국들이 온실가스의 실질적인 감축 이행에 들어간 상태이다.

하지만 지구온난화 방지를 위한 국제사회의 노력은 각국에 내재된 첨예한 이해관계로 인해 거듭 희석되어 왔으며, 결과적으로는 실효성이 결여된 반의 반쪽짜리 협약에 머물게 되었다. EU, 일본 등 현재 온실가스 감축 이행에 들어가 있는 국가들의 온실가스 배출량은 세계 전체 배출량의 30퍼센트에도 미치지 못하며 미국, 중국 등 거대 온실가스 배출국들은 온실가스 감축에 참여하지 않고 있는 상황에 이르렀다.

이렇듯 세계 각국이 지구온난화의 위협을 방지하기 위한 공동 대책에 소극적이고 합의가 잘 이루어지지 않았던 이유는 무엇일까? 세계 각국이 자국의 에너지 경제 구조 및 효율성, 온실가스 감축 비용, 지구온난화가 자국에 미치는 영향 등에 따라 복잡한 이해관계를 내포하고 있음을 주목할 필요가 있다.

첫째, 가장 큰 이유는 지구온난화에 따른 위험은 장기적이고 불확실

---

[*] 교토의정서의 발효 요건에 따르면 55개국 이상의 협약 당사국이 비준서를 기탁하여야 하며, 비준서를 기탁한 부속서I 국가들의 90년 기준 온실가스 배출량의 합이 전체 부속서I 국가들의 90년 기준 온실가스 배출량의 55퍼센트를 넘어야 90일 이후 자동 발효된다. 90년 기준 부속서I 국가의 온실가스 배출 비중을 보면 미국이 36.1퍼센트, 러시아가 17.4퍼센트를 차지한다. 2001년 미국이 교토의정서를 탈퇴한 상황에서 러시아의 비준이 없이는 교토의정서의 발효가 불가능한 상황이었다.

한 반면 이를 방지하는 데 따르는 단기 손실은 명백하기 때문이다.

둘째, 기후 변화가 모든 지역과 국가에서 비슷한 정도의 재난을 야기하는 것이 아니라는 점도 각국의 합의를 어렵게 하는 또 하나의 이유이다. 일례로 도서 국가들의 경우에는 지구온난화가 진행될 경우 해수면 상승으로 국토의 일부가 물에 잠기게 되는, 생존과 직결되는 수준의 재앙에 직면하게 된다. 반면 러시아와 같이 지구온난화로 이익을 보는 국가도 있다. 동토가 녹으면 작물 재배 가능 기간이 늘어나고 국가 경제의 버팀목이 되고 있는 석유와 천연가스의 생산 비용도 줄어들게 된다. 푸틴 대통령은 한 회의석상에서 "지구온난화가 진행되면 러시아 국민들의 겨울철 모피 코트 구입비가 줄어든다."라는 발언으로 러시아의 경우 상대적으로 지구온난화의 긍정적 효과를 향유하게 될 것임을 시사한 바 있다.

셋째, 지구온난화의 과학적 측면에 대한 명확한 결론은 아직 유보 상태라는 점이다. 지구온난화 현상이 화석연료 연소시에 방출되는 온실가스에 기인한다는 사실에 대해 과학계의 90퍼센트 이상이 동의하고 있음에도 불구하고 이에 대한 이견이나 반론도 소수이지만 존재하는 상황이다.

넷째, 기후 변화 방지를 위해 누가, 얼마나, 어떻게 부담을 할 것인가를 두고 다 같이 부담해야 한다는 선진국과 역사적, 누적적 책임을 강조하는 개도국 간의 갈등이 부각되고 있기 때문이다.

다섯째, 지구온난화를 방지하기 위한 사회적, 경제적 비용에 국가별로 현격한 차이가 존재할뿐더러 에너지 산업을 포함한 자국의 모든 산업과 기업들의 복잡한 이해관계에 기인한다.

이와 같은 배경에서 온실가스를 규제하기 위한 국제적 노력은 각국의 경제적 이해와 맞물리면서 지구 생태계를 보호한다는 당초의 취지에서 벗어나 자국의 이해를 극대화하려는 정치적 갈등의 장으로 변질되었다. 이 점에서 2012년 이후 온실가스 감축 체제를 논의하는 포스트 교토의정서 협상 역시 선진국 간의 첨예한 이해 대립과 선진국과 개도국 간의 책임 분담을 어떻게 조정하느냐가 최대 관건이 될 것으로 보인다.

선진국 vs. 개도국, 선진국 vs. 선진국

지구온난화 문제를 둘러싼 국제협상에서 나타나는 가장 큰 특징은 기존의 모든 환경 협력 논의에서 최대 쟁점으로 부상했던 선진국과 개도국 간의 갈등은 물론, 미국과 EU 등 선진국들 간의 갈등도 치열하게 전개되고 있다는 점이다.

선진국과 개도국 간 갈등의 핵심은 환경오염 및 환경보전의 책임을 어떻게 분배할 것인가의 문제이다. 선진국은 '공동의 책임'을 강조하는 반면 개발도상국은 선진국의 '역사적, 누적적 책임'을 강조하고 있다.* 일례로 교토의정서 협상에 참여했던 한 중국 대표는 "환경오염에 대한 책임을 공유하자는 선진국의 주장은 풀코스 식사에 디저트 먹을 때쯤 초대해

---

* 선진국과 개도국의 갈등은 기본적으로 지금의 환경 파괴가 왜 일어나게 되었는지에 대한 역사적 인식과 앞으로 이를 방지하기 위해 누가, 얼마만큼의 대가를 치를 것인가라는 책임에 대한 입장의 차이에서 비롯되고 있다. 선진국은 그들이 큰 희생을 치르면서 온실가스를 감축하더라도 중국, 인도 등 인구 증가와 경제 성장이 지속될 국가들이 온실가스 감축에 동참하지 않는 한 선진국의 노력은 수포로 돌아갈 수밖에 없음을 지적하고 있다. 반면 개도국들은 개도국의 1인당 평균 CO_2 배출량이 선진국의 40퍼센트에도 미치지 못하고 있다며, 동참의 전제조건으로 선진국으로부터의 대폭적인 자금 및 기술 지원을 강력히 요구하고 있다.

놓고 밥값은 똑같이 내자는 것과 다름없다."라며 반발한 바 있다. 개도국들은 온실가스 감축에 대한 동참의 조건으로 선진국으로부터 온실가스 감축에 대한 기술 이전과 재정 지원을 요구하고 있다. 선진국이 먼저 강도 높은 온실가스 감축 목표를 도입하고 이 목표를 달성하기 위해 선진국의 돈과 기술로 CDM^{Clean Development Mechanism: 청정 개발 체제} 등을 통해 개도국의 온실가스를 줄이는 데 기여한다면 온실가스 감축에 동참할 수 있다는 입장이다.

선진국과 선진국 간 갈등의 핵심은 온실가스 감축의 방식을 둘러싼 이해관계와 온실가스 감축에 따른 자국 경제에 미치는 영향 및 산업 경쟁력의 문제와 직결되어 있다. 이는 지구온난화 문제를 둘러싼 협상 과정에서 나타난 가장 큰 특징 중의 하나로 자국의 에너지 소비, 산업 구조, 경제 성장, 산업 경쟁력과 밀접한 관련을 갖는 '온실가스 감축'이라는 현실적인 문제에 부딪히면서 EU, 미국, 일본 등 선진국 간에 치열한 격론이 벌어지게 되었다는 점이다.

EU는 교토의정서의 이행을 적극적으로 주도하면서 온실가스 감축 및 에너지 효율에 대한 각종 규제 및 제도를 강화한다는 입장인 반면 미국의 부시 행정부는 교토의정서상의 온실가스 감축 규제를 거부하는 대신 기술 개발을 통해 온실가스를 자율적으로 줄이겠다는 입장을 견지해 왔다. 미국은 2001년 부시 행정부 출범 이후 교토의정서 탈퇴를 표명했으며, 2002년 자국만의 조치로서 1990년 대비 총배출량 감축^{현행 교토의정서} 방식이 아닌 GDP 연동 방식에 따른 감축 목표를 발표했다. 이후에도 교토의정서와는 '다른 길'을 걷겠다며 기술적인 접근으로 대기 중 CO_2를 줄이는 방식을 주장해 왔다. 세계 각국이 온실가스를 감축하기 위해 필요한 막대한 비용을 기술 개발에 투자할 경우 훨씬 효과적인 비용으로 온실가스를 줄일 수 있다는 것이다.

온실가스 감축에 유리한 EU

온실가스 감축 방식을 둘러싼 EU와 미국의 입장 차이는 왜 발생하게 된 것인가? 온실가스 감축에 내재된 각국의 첨예한 경제적 이해를 살펴볼 필요가 있다.

교토의정서를 가장 강력히 밀어붙이고 있는 EU는 에너지 효율이 낮은 동구권 국가를 통합하였기 때문에 배출 감축 목표를 달성하는 것이 상대적으로 용이한 상태이다. 교토의정서상 EU의 온실가스 배출 감축 목표는 협상 결과 1990년 배출량 대비 평균 8퍼센트로 책정되었다. 미국은 1990년 대비 7퍼센트, 일본은 동년 대비 6퍼센트 감축 의무를 지게 되었다. 이 수치만을 단순하게 비교하면 EU가 가장 무거운 짐을 진 것 같지만 실상은 그렇지 않다.

EU는 교토의정서에서 온실가스 감축 의무가 개별 국가가 아닌 EU 전체에 부과되어 있다. 교토의정서 체결 당시 15개국의 회원국으로 구성되어 있던 EU는 전체 15개국이 감축 의무를 공유하는 형태로, 개별 국가에는 책임을 묻지 않게 되었다.* EU 역내의 동구권 국가들은 1990년

---

* 이후 EU는 책임 분담(burden sharing)을 위한 독자적인 가맹국 간 협상을 통해 교토의정서 기간 중 역내 15개 국가의 온실가스 감축 의무를 재배분했다. 이 협상을 통해 독일은 1990년 대비 21퍼센트 감축 의무를 지게 되었으나, 2005년에 이미 18.7퍼센트를 줄여 감축 목표 달성은 어렵지 않은 상황이다. 12.5퍼센트의 감축 의무를 지닌 영국은 2005년 현재 이미 15.7퍼센트를 감축했다.

이후 시장경제로의 이행 과정에서 경제 활동의 침체로 인해 에너지 소비가 줄어 별도의 노력을 기울이지 않았음에도 불구하고 온실가스 배출이 크게 감소했다. 그 결과 온실가스 배출권이 남아도는 상황으로 EU는 역내 동구권 국가의 잉여 배출권을 향유하는 것이 가능하게 된 것이다.

또한 EU는 온실가스 감축의 절반 이상을 영국과 독일에 의존하고 있는데, 영국과 독일은 에너지 구조상 온실가스를 감축하는 데 유리한 편이다. 영국은 이미 석탄에서 북해산 천연가스로 에너지원 이전 정책을 실시해 왔기 때문에 온실가스 감축이 비교적 용이하며, 에너지 효율이 낮은 동독을 합병한 독일은 산업, 수송, 민생 등 각 부문별로 노후한 기기 등을 교체하는 것만으로도 감축 목표를 달성할 수 있다.

2007년 이후 EU 회원국은 27개국으로 확대되었으며 EU에 새롭게 가입한 국가들은 연료 효율이 매우 낮은 옛 동구권 국가들로 EU 역내에서 온실가스를 감축할 수 있는 여지가 더 확대되었다. 2007년 독일 하일리겐담에서 개최된 G8 정상회의에서 EU 정상들이 "전 세계 온실가스 배출량을 2050년까지 2000년의 절반 수준으로 줄여야 한다."라고 목소리를 높인 배경에는 EU의 추가적인 감축 여지와 상대적으로 유리한 감축 조건 등이 존재함을 주목해야 한다.

교토의정서를 탈퇴한 미국의 속사정

2001년, 미국의 부시 행정부는 전 세계적인 비난 여론을 무릅쓰고 교토의정서 탈퇴를 표명했다. 1997년, 앨 고어Albert Arnold Gore Jr. 부통령을 단장으로 한 미국 협상단이 교토의정서 합의문에 서명을 한 후 4년 만의 일이다. 당시 부시 행정부는 교토의정서 탈퇴의 이유로 온실가스 감축 규제가 미국의 기업에 과도한 짐을 지우게 된다는 점 이외에도 과학적으로 불확실하다는 점, 감축 의무 대상국에 중국을 비롯한 개도국이 대거 불참함으로써 실효성과 형평성이 결여되어 있다는 점 등을 지적했다. 다양한 이해관계를 반영한 결과였지만, 미국 정부의 최대 고민은 온실가스 배출량이 대폭 증가하고 있는 상황에서 2008~2012년 기간 중에 배출량을 1990년 대비 7퍼센트 감축해야 하는 교토의정서상의 의무는 실제로 이행 불가능한 목표라는 판단에서였다. 이 점에서 미국 내부에서 실현 불가능한 목표를 협상의 결과로 받아들인 이전 정권에 대한 비난이 뒤따랐음은 당연한 일이었다.

교토의정서에 의한 국가별 온실가스 배출 할당량 및 달성량 비교

	국가명	2008~2012년 배출 할당량(퍼센트)	1990년 (CO_2톤)	2005년 (CO_2톤)	1990~2005년 변화율(퍼센트)
1	러시아	0	2,990	2,133	-28.7
2	우크라이나	0	924	419	-54.7
3	루마니아	-8	249	154	-38.2
4	독일	-21	1,228	1,001	-18.7
5	영국	-12.5	771	657	-15.7
6	프랑스	0	567	558	-1.6
7	미국	-7	6,229	7,241	16.3
8	일본	-6	1,272	1,360	6.9
9	캐나다	-6	596	747	25.3

※CO_2톤 단위는 100만 ※출처: 한국탄소금융

미국의 온실가스 배출량은 1990년 62억 CO_2톤 수준에서 2005년 현재 72억CO_2톤 수준으로 증가한 상태이다.* 1990년 대비 7퍼센트 감축은커녕 오히려 16.3퍼센트가 증가한 상태이다. 더욱이 산업, 수송, 민생 등 전 부문에 걸쳐 에너지 다소비 체질이 고착되어 있는 상태에서 산업계의 이해를 반영해야 하는 미국의 입장을 감안하면 교토의정서의 감축 목표는 현실적으로 '불가능한 목표'이다. 여타 국가의 상황과 비교하면 미국의 강력한 저항의 동기를 더 쉽게 찾을 수 있다. 독일, 영국, 프랑스 등 EU 국가들의 경우는 교토의정서에서 부여받은 감축 목표치에 거의 근접해 있는 상태이다. 러시아와 동구권 국가들의 경우는 오히려 할당받은 것보다 온실가스 배출량이 훨씬 줄어 향후 글로벌 탄소 시장이 형성될 경우 배출권을 판매할 수 있는 엄청난 양의 잉여 배출권Hot Air을 보유하게 되었다. (자세한 내용은 10장 참조.)

이와 같은 상황에서 부시 행정부는 온실가스 감축을 산업계에 대한 규제 차원이 아닌 혁신적 기술 개발을 통한 원천적 해결이라는 새로운 카드를 제안하게 된 것이다. 예를 들어 각국 정부와 산업계가 온실가스를 줄이기 위해 지불해야 할 막대한 비용을 탄소고정화기술CCS:Carbon Capture and Storage이나 청정 석탄 기술 개발 등에 원천적으로 투자할 경우 훨씬 효과적인 비용으로 온실가스를 줄일 수 있다는 것이 부시 행정부의 주장이다. 지구온난화 문제에 대해 오바마 행정부는 이전의 부시 행정부와는 달리 책임 있는 감축 의무를 이행하겠다는 입장이지만 미국의

---

* 미국은 전 세계 온실가스 배출량의 20퍼센트를 차지하고 있는 거대 온실가스 배출국이다. 2008년 중국이 미국을 제치고 CO_2 총배출량 1위(21퍼센트)로 떠오르면서 총배출량 측면에서는 2위로 밀려났지만, 1인당 배출량을 기준으로 하면 압도적인 세계 1위이다.

국내 사정을 고려하면 개도국이나 기타 선진국이 요구하는 수준의 높은 감축 목표를 수행하기에는 역부족인 상황이라 할 수 있다.

세계 최대 에너지 효율국 일본의 딜레마

일본은 교토의정서 체결로 2008~2012년 기간 중에 1990년 대비 온실가스 배출을 6퍼센트 줄여야 하는 감축 목표를 떠안게 되었다. 하지만 일본의 온실가스 배출량은 2005년에 이미 13억 5900만 CO_2톤으로 1990년 대비 6.9퍼센트 증가한 상태이다. 목표와의 차이는 단순히 계산해도 12.9퍼센트에 이른다. 과연 가능한 일일까? 일본 산업계의 입장은 어렵다는 것이다. 왜 이러한 결과를 초래하게 되었을까?

1997년 교토의정서 협상을 앞두고 일본 정부는 마지막 순간까지 부처 간의 이견을 좁히지 못했다. 당시 일본은 1997년 10월이 되어서야 기후변화협약 사무국에 일본 정부안을 제출했다. 이유는 간단하다. 통산성과 환경청의 의견 대립이 막판까지 계속되었기 때문이다. 환경청은 선진국이 솔선해서 온실가스 감축 목표를 정해야 한다며 2010년까지 1990년 대비 5~7퍼센트의 감축이 가능하다고 주장했다. 한편 통산성은 온실가스 감축이 일본의 경제 성장 및 에너지 정책에 미치는 악영향을 강조하면서 일본이 받아들일 수 있는 한계는 1990년과 동일한 수준으로 유지하는, 즉 0퍼센트 감축안이라고 주장했다. 미국이 강력히 요청했던 배출권 거래ET: Emission Trading와 공동 이행JI: Joint Implementation 등 시장 메커니즘의 도입에 대해서도 환경청은 부정적인 입장을 취한 데 반해 통산성은 감시

제도를 둔다는 조건 아래 찬성 입장을 표명했다.[*] 결국 일본 정부가 교토회의에 앞서 제출한 의정서 안은 2008~2012년까지 온실가스를 1990년 대비 5퍼센트 감축한다는 환경청의 의견이 강하게 반영된 것이었다.

이렇게 온실가스의 감축 비율을 둘러싼 통산성과 환경청의 갈등이 지속되는 가운데 외무성은 환경청의 손을 들어 주었다. 일본은 기후변화협상에 임하는 외교의 한 축으로 줄곧 "환경 분야를 통한 일본의 국제 공헌"을 표방해 왔다. 이와 같은 일본의 입장은 3차 기후변화협약 당사국총회를 교토에서 유치하고자 한 일본의 노력에서도 찾아볼 수 있다. 교토회의 당시 외무성의 지구 환경 문제 담당 대사를 역임한 타나베 대사는 일본이 교토회의를 유치하게 된 이유로 세 가지를 언급하고 있다.

첫째는, 지구 환경 분야에 대한 일본의 공헌이다. 둘째는, '교토'라는 지명이 들어간 의정서가 채택될 경우 환경 분야에서 일본의 공헌이 역사적으로 길이 남게 되어 일본의 국익에 플러스가 된다. 셋째는, 일본 국민에 대한 계몽 효과를 가진다. 즉 지구온난화 문제에 대한 의식 수준을 높이는 계기가 될 수 있다는 점이다.[**]

하지만 이후 산업계에서는 일본 정부가 교토의정서 협상에 실패함으로써 기업에 큰 부담을 지우고 있다는 비난의 목소리가 고조되었다. 첫째, 앞서 지적한 바와 같이 일본의 CO_2 배출량은 2005년에 이미 1990년 대비 6.9퍼센트 증가한 상태로 할당받은 감축 목표치인 6퍼센트는 실제로 12.9퍼센트 감축에 해당하는 것이라 할 수 있다. 일본 산업계는 이것을 실제로 달성하기 어려운 목표로 판단하고 있다. 정부가 실제로 감축

---

[*] 山崎洋, 「京都會議前後, 日本の決斷」

[**] 田邊敏明, 『地球溫暖化と環境外交: 京都會議の攻防とその後の展開』(時事通信社, 1999年).

가능한 수준에 대한 면밀한 검토 없이 협상에 임함으로써 불가능한 감축 목표를 받아들였다는 것이다.

둘째, 동일 수준의 감축 목표를 할당받을 경우 현 상태에서의 에너지 효율이 높으면 높을수록 목표 달성을 위한 비용은 높아진다. 에너지 효율이 세계 1위인 일본의 경우 에너지 효율의 추가 개선은 쉽지 않으며 그만큼 한계비용은 높아진다. 일본국립환경연구소와 교토 대학교의 공동 연구에 의하면, 배출권 거래 없이 자국 내에서 할당받은 온실가스 배출량을 감축할 경우 1톤당 감축 비용은 일본이 미국의 1.53배, EU의 1.3배에 달하는 것으로 추정되었다.* 2001년 공표된 IPCC 3차 보고서에는 일본의 온실가스 감축 비용이 EU와 미국의 1.5~2배나 되는 것으로 나타나 일본 산업계를 경악케 했다. 국가별 감축 목표와 각국의 감축 비용을 고려하면, 교토의정서가 정한 감축 목표 할당은 일본 기업의 국제 경쟁력에는 마이너스로 작용한다는 사실을 알 수 있다. 이와 같은 결과는 '형평성'이라는 측면에서 보더라도 일본이 과거 30여 년간 추진해 온 에너지 효율 개선** 노력이 공정하게 반영되지 않은 것으로 평가할 수 있다. 이는 일본이 지게 된 교토의정서상의 온실가스 감축 의무는 '정부의 협상 실패'의 결과라는 지적이 빈번히 나오고 있는 이유이기도 하다.

결론적으로 일본은 지구온난화의 문제가 국제적인 쟁점으로 부상하는 과정에서 이 문제를 놓고 국내적으로 충분한 논의를 거치지 못한 채

---

* 1톤당 미국은 153달러, EU는 198달러, 일본은 234달러. 山口光恒, 『地球環境問題と企業』(2000年), 154~161쪽 참조.
** 일본은 1973년 1차 오일쇼크 이후 일본의 경제 성장이 기름 위에 세워진 '유상누각(油上樓閣)'에 불과했다는 뼈아픈 교훈을 계기로 산업계와 정부를 중심으로 대대적인 에너지 효율 개선 작업에 착수한다. 그 결과 일본은 세계에서 에너지 효율 1위 국가로 변신하게 된다.

국제 협상에 수동적으로 임하게 된 것이다. 이후 1980년대 후반부터 부상하게 된 "환경 분야를 통한 일본의 국제 공헌" 논의는 일본이 기후변화협약에 적극적으로 대처하게 만드는 하나의 요인으로 작용하게 된다. 그러나 기후변화협약은 경제 성장과 밀접한 관련을 갖는 온실가스 감축이라는 현실적인 문제에 부딪히면서 협상국들의 국내 정치·경제적 요인과 맞물려 치열한 경제 논의로 변질되어 간다. 경제 외교와 환경 외교의 딜레마에 빠지게 된 일본은 두 마리의 토끼를 다 잡기 위한 노력을 경주하게 되지만, 결과적으로는 경제 외교와 환경 외교의 양 측면 모두에서 소기의 성과를 거두지 못하게 된다. 경제 외교의 측면에서는 과거 일본의 에너지 절약 및 에너지 효율 향상을 위한 국가 차원의 노력을 인정받지 못하고 오히려 일본 기업의 국가 경쟁력을 저하시킨 측면이 강하다. 환경 외교 측면에서도 교토회의의 의장국으로서 국제 환경 협력에서 리더십을 발휘할 수 있는 기회가 주어졌음에도 불구하고 EU의 노련한 협상술에 밀려 리더십을 충분히 발휘하지 못하는 결과를 초래하게 되었다.

포스트 교토 체제의 향방

교토의정서 체제가 실효성과 형평성을 결여한 불완전한 체제에 불과하다는 비판 속에서 2007년 12월 인도네시아 발리에서 개최된 13차 기후변화협약 당사국총회COP13에서는 2009년까지 선진국과 개도국을 모두 포함한 온실가스 감축 협상의 신호탄을 울렸다. 이 회의에서 채택된 '발리 로드맵'은 2012년 이후 국제사회의 온실가스 감축 방안 논의에서 선진국과 개도국 모두를 대상으로 하고 있다는 점에서 그 중요성을 찾을 수 있다.

발리 로드맵에 따른 포스트 교토의정서 협상은 어떤 방향으로 움직일 것인가? 선진국과 개도국, EU와 미국 등 선진국 간의 갈등이 복합적으로 내재된 현 상황에서 순조롭고 원만하게 협상이 진행될 리는 만무하다. 그러나 향후 온실가스 감축을 위한 국제사회의 행보가 예상보다 급물살을 타게 될 조짐이 나타나기 시작했다.

첫째, 무엇보다 지구온난화의 정치가 갈등으로 치닫고 있는 와중에서도 지구온난화에 대한 과학적 합의가 빠르게 형성되고 있다는 점이다. 2007년 공표된 IPCC 4차 보고서는 지구온난화와 기후 변화를 명백한 '인재人災'로 규정하고 있으며, 이후 국제사회에서 온실가스 감축 자체에 대해 공공연하게 반대 입장을 표명하는 정치 지도자는 거의 찾아볼 수 없게 되었다.

둘째는 정치적 타협의 가능성이 높아졌다는 점이다. EU가 포스트 교토의정서 협상 시한을 2009년까지로 정한 배경에는 포스트 부시 정권과 협상을 하겠다는 포석이 깔려 있었다. 더욱이 후보자 시절 2050년까지 온실가스 배출을 80퍼센트 감축해야 한다는 강경한 입장을 표명했던 오바마 정권의 탄생은 포스트 교토의정서 협상에 긍정적인 신호탄이 되고 있다.

셋째는 탄소 시장을 비롯해서 온실가스 감축 관련 시장의 규모가 빠르게 확대되고 있다는 점이다. 시장의 힘이 정치의 기온을 바꿀 수 있는 상황이 도래한 것이다.

하지만 각론 차원에서는 포스트 교토의정서 협상이 해결해야 할 난제가 적지 않다. 2009년에만 해도 다섯 차례에 걸친 실무급 회의를 통해 동년 12월 개최된 코펜하겐 기후정상회의를 위한 준비 작업이 이루어졌지만, 협상 문안을 둘러싼 이견은 좀처럼 좁혀지지 않고 있다. 세부적인 내용은 차치하고서라도 큰 틀에서 해결해야 할 주요 과제는 다음과 같다.

첫째, 국가별 감축 목표의 설정이다. 온실가스 감축 목표를 할당할 때 총온실가스 배출량, 인구 1인당 온실가스 배출량, 온실가스 감축에 따른 경제적 비용, 역사적 책임 등 다양한 기준을 어떻게 고려해야 하는지에 대해 합의가 이루어지고 있지 않으며, 이에 대한 조정은 쉽지 않을 것으로 예상된다.

둘째, 온실가스 감축 목표를 선진국과 개도국에 어떤 비율과 방식으로 배분할 것인가의 문제와 이를 위한 선진국-개도국 간의 기술 이전 및 자금 공여 방식도 해결해야 할 과제이다.

셋째, 어느 업종까지를 온실가스 감축 대상에 포함시킬 것인지, 온실가스 감축 방식을 기준 연도 방식 또는 경제 성장 연동 방식으로 할 것인지, 일본이 주장하고 나선 부문별 접근 방식sectoral approach * 등 다양한 접근 방식에 대한 합의도 난제가 되고 있다.

---

* 부문별 접근 방식이란, 개별 국가에 대한 감축 목표 설정 방식이 아닌 동일 산업 부문에 동일한 온실가스 감축 기준을 적용하는 접근법으로, 온실가스 감축에 따른 해당 산업의 국제 경쟁력에 대한 영향을 최소화하기 위한 방안으로 제안되었다.

코펜하겐 회의가 남긴 것

2009년 12월 덴마크의 코펜하겐에서 개최된 15차 기후변화협약 당사국총회Cop15 * 는 '코펜하겐 합의Copenhagen Accord'를 채택한 채 막을 내렸다. 코펜하겐 합의는 지구온난화를 방지하기 위해 지구의 평균 기온 상승을 산업화 이전 대비 2℃ 이내로 억제하자는 기본 방향을 제시하고 있을 뿐 누가, 얼마나, 어떻게 줄일지에 대한 구속력 있는 목표는 담지 못했다. 코펜하겐 합의가 글로벌 온실가스 감축이라는 측면에서 '실패한 협상'이라는 평가를 받고 있는 가장 큰 이유이다.

코펜하겐 합의의 주요 내용

장기 목표	• 기온 상승을 산업화 이전 대비 2℃ 이내로 억제 • 2015년에 기온 상승 억제 목표치를 1.5℃로 재조정
온실가스 감축	• 선진국은 2010년 1월 말까지 2020년 온실가스 감축 목표 제출 • 개도국은 2010년 1월 말까지 온실가스 감축 계획 보고서 제출(기준 연도 없음)
감축 결과 검증	• 선진국: 공신력 있는 제3의 감독 기구를 통해 온실가스 배출량 검증 • 개도국: 2년마다 UN에 보고서를 제출하고 국제 기관의 감시를 받음
개도국 지원	• 최빈국, 군소 도서국, 아프리카 등을 우선적으로 지원 • 단기 지원: 2010~2012년 중에 300억 달러의 긴급 자금 조성 • 장기 지원: 2020년까지 매년 1000억 달러의 기금 조성 • 선진국은 산림 보호를 위한 개도국의 노력을 적극 지원

• 코펜하겐 회의에는 전 세계 193개국 대표 및 120여 개국 정상들을 비롯해서 시민 및 환경단체 회원 등 4만여 명이 참가했다.

2009년 12월 15차 유엔기후변화협약 당사국총회에서 이명박 대통령이 연설하고 있다.

상당 부분 예상되었던 결과다. 앞서 지적한 바와 같이 포스트 교토의 정서 협상은 지난 2년간 지속되어 왔지만 본격적인 협상은 포스트 부시 행정부 출범 이후로 미루어져 왔으며, 그런 의미에서 본다면 이제부터 2010년 말 멕시코에서 개최될 16차 기후변화협약 당사국총회까지가 본격적인 협상 기간이라 할 수 있다.

세부적인 사항은 차치하고서라도 향후 협상 타결의 최대 관건은 미국이 EU 등 기타 선진국이 받아들일 수 있는 수준의 감축 목표를 제시할지 여부와, 선진국은 개도국이 받아들일 수 있는 수준의 지원을 약속할지 여부에 달려 있다.

필자는 앞으로의 협상 역시 이제까지와 마찬가지로 지구온난화를 둘러싼 과학적 논의 동향, 자국의 경제적 이해를 최대한 반영하려는 정치 주도권 경쟁, 그리고 온실가스 감축과 관련된 시장의 힘이라는 세 가지 요인이 복합적으로 맞물리면서 진행될 것으로 본다.

코펜하겐 회의에서 드러난 현재의 모습은 자국의 경제적 이해만을 내세우며 조정과 타협을 거부하는 복잡하게 뒤엉킨 실타래와 같은 형태이지만, 그 이면에서는 이미 개별 국가별로 저탄소 경제 시대를 향한 본격적인 이행이 시작된 상태이다. 대부분의 주요 국가들이 정부와 지자체를 중심으로 대규모의 녹색 투자를 시작하였고, 유례없는 규모의 정책적 지원을 배경으로 녹색 산업이 글로벌 경제의 새로운 성장 동력으로 빠르게 자리 잡아 가고 있다. 기업들 역시 녹색 비즈니스에 대한 투자를 강화하고 있고, 돈의 흐름이 몰리는 곳에서 혁신적인 녹색 기술이 싹트고 있다. 지역별, 개별 국가별로 이미 강화되고 있는 온실가스 규제는 탄소 시장을 확대시키는 한편 환경 무역 장벽의 조짐까지 보이고 있는 상황이다.

코펜하겐 회의 이후 글로벌 온실가스 감축 체제에 대해 많은 비관적인 전망이 흘러나오고 있다. 하지만 이미 확대되고 있는 시장의 힘에 의해 온실가스 감축을 둘러싼 글로벌 협상은 큰 틀에서 조정과 타협이 불가피할 것으로 전망된다.

온실가스 감축의 책임과 비용 분담

포스트 교토 체제 아래 한국이 부담해야 할 온실가스 감축 목표는 아직 확정되지 않았지만, 앞서 기술한 바와 같이 정부는 이미 국내적으로 중기 국가 온실가스 감축 목표를 발표했다. 국가 차원의 온실가스 감축 목표를 도입하게 되면 이를 달성하기 위해 정부는 큰 틀에서 온실가스 감축 방향과 부문별 온실가스 감축 목표 등을 제시해야 한다. 누가 얼마만큼의 책임을 져야 할 것인가에 대한 분담이 이루어져야 하는 것이다.

예를 들어 산업, 수송, 가정·상업 등의 각 부문에서 온실가스를 얼마나 줄일지, 이를 위해 신재생에너지와 원자력의 비중을 어떻게 조절해 나갈 것인지,* 수송 부문의 온실가스 감축을 위해 하이브리드카나 전기자동차의 기술 개발 및 보급을 어떻게 촉진하고, 삼림 부문의 온실가스 감축을 얼마나 활용할지 등이다.

대통령 직속 녹생성장위원회는 2009년 11월 녹색성장보고대회에서 온

---

* 2008년 수립된 「국가 에너지 기본 계획」을 통해 신재생에너지의 공급 비율을 현재 2.4퍼센트에서 2030년까지 11퍼센트로, 원자력발전 설비 비중을 2030년까지 41퍼센트로 확대하겠다고 발표한 바 있다.

실가스 감축을 위한 다양한 정책 수단을 제시했다. 수송 부문의 온실가스를 줄이기 위해 2010년 상반기부터 서울 강남, 대도시, 고속도로 등 교통이 혼잡한 전 지역으로 혼잡통행료 제도를 확대 실시하고 징수한 요금은 대중교통의 확충에 다시 투자한다. 대중교통을 이용하면 할인 혜택을 부과하는 '에코 포인트Eco-Point' 제도도 도입한다. 2011년까지 자동차 통행 총량제를 도입하여 권역별로 총량 목표를 달성할 경우에는 인센티브를 제공하게 된다.

가정·상업 부문에서 온실가스를 감축하기 위해서는 건축물에 대한 에너지 기준을 강화하고 그린홈 200만 가구 공급, 에너지 소비 총량제, 에너지 소비 증명서 발급 등을 추진한다. 2010년까지 신규 건축물 허가 시에 연간 에너지 소비량을 평가하는 에너지 소비 총량제를 도입하고 2012년까지 건축물의 매매, 임대 시에 에너지 소비량, 온실가스 배출량을 표시한 증명서의 발급을 의무화한다. 2009~2018년까지 신규 가구 100만 가구와 기존 가구 100만 가구를 포함한 200만 가구의 그린홈을 공급하고 2025년까지는 신축 건물의 에너지 기준을 강화하여 제로 에너지 빌딩으로 의무화한다.

에너지원별 대책으로는 「2030 국가 에너지 기본 계획」에서 제시된 바와 같이 신재생에너지와 원자력발전의 비중을 확대하는 안 등을 담고 있다.

정부가 제시한 온실가스 감축 목표와 감축 목표 달성을 위한 정책 수단을 검토해 보면 건축물, 수송, 가정 부문 등의 대책이 많고, 산업계의 경우에는 기술 투자와 연구 개발 등을 통한 산업 활성화의 효과가 눈에 띈다. 그럼에도 불구하고 산업계가 과도한 온실가스 감축안에 부담감을 표시하고 있는 배경에는 실제로 온실가스 감축이 시행될 경우 산업계의 부담은 피할 수 없게 될 것이라는 우려 때문이다.

지난 6월 미 하원에서 온실가스의 대폭적인 배출 제한과 청정에너지 사용 확대를 골자로 하는 '미국청정에너지안전보장법안ACES Act: American Clean Energy and Security Act'이 통과되었을 때 미국 산업계는 사상 최대의 증세라며 반발했다. 이 법안의 핵심은 미국의 전체 온실가스 배출량을 2020년까지 2005년 대비 17퍼센트, 2050년까지 83퍼센트 줄이는 것을 의무화했다. 전미제조업협회NAM: National Association of Manufacturers는 이 수준의 온실가스 규제가 도입될 경우 미국 국내 총생산GDP이 2030년까지 약 6500억 달러가 감소하고 300~400만 명의 노동자가 일자리를 잃게 될 것이라며 반발했다.

하지만 법안을 지지하는 측은 에너지 효율 향상으로 인해 소비자들이 오히려 이득을 볼 것으로 전망했다. 미 의회 예산국에 따르면 이 법안이 통과될 경우 가구당 연간 부담액은 평균 175달러약 20만 원 정도이나, 각종 보조금을 받게 될 저소득 가구에서는 오히려 연간 40달러약 5만 원 정도의 절약 효과가 나타날 것으로 분석했다. 비용 상승분은 에너지 효율화 투자로 상쇄되며, 청정에너지 프로젝트를 통해 제조업을 부흥시키고 녹색 일자리를 창출함으로써 미국 산업 전체에 새로운 활력을 불러일으키게 될 것이라는 주장이다.

ACES는 이처럼 상반된 시각은 물론 다양한 입장을 최대한 반영한 결과이다. 하지만 확실한 것은 지구온난화가 야기할 재앙적인 위험을 방지하고 저탄소 경제로의 이행이 가져올 중장기적인 편익을 위해 단기적으로는 에너지 다소비 산업을 중심으로 한 비용 증가와 물가 상승이라는 대가는 피해 갈 수 없을 것으로 판단된다.

10 탄소 시장의 부상

탄소 시장이란 무엇인가?

세계은행World Bank에 따르면, 국제 탄소 시장carbon market의 규모가 2005년 100억 달러, 2007년에는 650억 달러를 넘어섰으며, 2010년에는 1500억 달러 규모에 이를 것이라 한다. 이 전망대로라면 일반인들에게는 용어조차도 낯선 이 시장의 규모는 2010년 무려 약 170조 원에 달하게 된다. 도대체 이 탄소 시장이라는 곳에서는 과연 누가, 어떤 메커니즘을 통해, 무엇을 사고팔고 있다는 것인가라는 의문이 드는 것은 당연하다.

탄소 시장이란 기본적으로 온실가스 배출권을 거래하는 시장을 의미한다. 탄소 시장이라는 용어도 그러하지만 온실가스 배출권을 사고판다는 개념 자체도 일반인에게는 매우 낯설고 생소한 일이다. 온실가스를 배출할 수 있는 권리를 사고판다는 이 기발한 발상은 언제, 어디서부터 시작되었을까?

온실가스 배출권을 거래토록 하는 기반을 제공하고 있는 것은 다름 아닌 1997년 체결된 교토의정서이다. 앞서 기술한 바와 같이 교토의정서는 세계 각국이 온실가스를 줄이기 위해 노력하자는 합의를 도출한 기후변화협약을 이행하기 위해서 실제로 누가, 언제부터, 얼마나, 어떻게 온실가스를 줄일 것인가를 규정한 부속 의정서이다. 선진국Annex I이 2008~2012년 기간 동안 1990년 대비 온실가스 배출을 평균 5.2퍼센트 줄이도록 최종적인 합의를 이끌어 내는 과정에서 가장 문제가 되었던 부분은 온실가스를 줄이는 데 드는 막대한 비용이었다.

온실가스 감축에 필요한 막대한 비용 부담을 보완하기 위해 최대한 신축적이고 효과적으로 온실가스를 줄이기 위해 협상 당사국들은 '교토 유연성 체제Kyoto Flexible Mechanism'를 도입하기로 결정했다. 즉 온실가스를 줄이는 과정에 시장 메커니즘을 활용함으로써 협상 당시 각국이 감축 의무를 받아들이는 데 최대 걸림돌로 부상했던 막대한 비용의 문제를 다소 완화시키자는 것이다. 당시 교토 유연성 체제의 도입을 가장 강력히 요구했던 것은 다름 아닌 미국이었다. 이후 2001년에 개최된 7차 기후변화협약 당사국총회COP7에서 교토 메커니즘의 세부 활용 방안이 확정되면서마라케시 합의 지금의 배출권 시장을 형성하는 근간을 제공하게 되었다.

교토 유연성 체제의 핵심은 '배출권 거래ET: Emission Trading', '청정 개발 체제CDM: Clean Development Mechanism', 그리고 '공동 이행JI: Joint Implementation'이다.

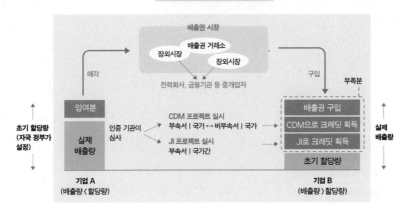

탄소 배출권의 거래도

배출권 거래란 온실가스 감축 목표에 따라 국가(또는 기업)에 온실가스 배출 허용량이 부과되었을 경우 허용량보다 더 많이 온실가스를 배출한 국가(또는 기업)에게는 부족분의 배출권을 시장에서 사도록 하고 허용량보다 온실가스를 덜 배출한 경우에는 잉여분의 배출권을 시장에서 팔 수 있도록 한 제도이다. 예를 들어 독일 정부가 온실가스 감축 목표를 달성하기 위해 연간 10만 톤의 온실가스를 배출하던 자국 철강 업체에 이제 9만 5000톤까지만 온실가스를 배출할 수 있는 허용량을 부과하게 되면 이 업체는 연간 5000톤의 온실가스를 줄여야 한다. 이 업체가 이전과 같이 10만 톤의 온실가스를 배출할 경우 5000톤의 배출권을 시장에서 사와야 하는 반면 온실가스 배출을 허용량보다 더 줄여서 연간 9만 톤의 온실가스를 배출하게 되면 5000톤의 잉여분을 시장에서 판매할 수 있게 되는 것이다.

청정개발 체제CDM와 공동 이행JI은 기본적으로 동일한 개념으로 온실

2009년 코펜하겐 UN기후변화협약회의 이후 버락 오바마가 유럽 정상들 앞에서 브리핑을 하고 있다. 오바마 대통령의 양 옆에 니콜라스 사르코지 프랑스 대통령과 고든 브라운 영국 총리가 앉아 있다.

가스 감축 비용이 상대적으로 싼 다른 나라에서 온실가스를 줄이고 이를 자국(또는 기업)의 감축 실적으로 인정받도록 한 제도이다. 다만 청정 개발 체제는 온실가스 감축 의무가 있는 국가와 감축 의무가 없는 국가 간에 이루어지고, 공동 이행은 감축 의무가 있는 국가 간에 이루어진다는 차이점이 있다.

이와 같은 메커니즘이 도입된 배경에는 국가별, 기업별로 온실가스 감축 비용에 큰 차이가 있기 때문이다. 전술한 바와 같이 에너지 효율이 전 세계적으로 가장 높은 수준인 일본의 경우 온실가스 감축 비용이 EU나 미국보다 1.5~2배나 더 높은 것으로 조사되고 있다. 기업도 마찬가지다. 철강 업계의 경우 에너지 효율이 세계 최고 수준인 신니혼新日本 제철이나 포스코의 온실가스 감축 비용이 중국의 중소 철강 업체보다 훨씬 더 높을 것이라는 것은 주지의 사실이다. 따라서 최소한의 비용으로 온실가스를 줄이기 위해서는 감축 비용이 적은 곳에서부터 줄여 나가는 것이 합리적이라는 사고에서 이 제도가 도입되게 된 것이다.

배출권 거래를 통한 기업의 감축 비용 절감 사례

◆ 정부가 연간 10만 톤의 CO_2를 배출하는 A기업과 B기업에 9만 5000톤의 배출 허용치를 할당했다고 가정하자. 이 경우 A기업과 B기업은 연간 5,000톤의 온실가스 배출을 줄여야 한다. A기업이 CO_2를 자체적으로 줄이는 데 드는 비용은 톤당 10달러, B기업의 감축 비용은 톤당 30달러라고 가정하자. A기업은 5만 달러(5,000톤×10달러), B기업은 15만 달러(5,000톤×30달러)의 감축 비용이 들게 된다

◆ 배출권 거래를 도입하게 되면 이 상황이 어떻게 달라질까? 시장에서 거래되는 배출권의 가격을 톤당 20달러라고 가정할 때 각 기업은 어떤 감축 전략을 취하는 것이 바람직할까?

◆ 감축 비용이 시장에서의 배출권 가격보다 싼 A기업이라면 목표 감축량(5000톤)보다 더 많은 1만 톤을 감축하여 배출권 시장에서 잉여 배출권을 판매하는 전략이 유효하다. 1만 톤을 10달러에 감축한 후(10만 달러 지출) 잉여분 5000톤을 20달러에 판매(10만 달러의 수입)하면 이 기업의 감축 비용은 궁극적으로 제로가 된다.

◆ 감축 비용이 시장에서의 배출권 가격보다 비싼 B기업이라면 배출권 시장에서 전량을 구입하는 전략이 유효하다. 배출권 시장에서 5000톤 전량을 20달러에 구입할 경우 10만 달러가 소요되어 자체 감축시에 비해 5만 달러의 비용을 절감할 수 있게 된다.

배출권, 어떻게 획득하나?

탄소 시장은 크게 '할당 베이스Allowance-based' 시장과 '프로젝트 베이스Project-based' 시장으로 대별된다.

할당 베이스 시장이란 기본적으로 국가 또는 기업에 할당된 배출권을 거래하는 시장이다. 할당된 배출량보다 온실가스를 적게 배출한 국가나 기업은 잉여 배출권을 팔 수 있고, 할당된 배출량을 초과해서 배출한 국가나 기업은 온실가스 배출권을 사야 한다. 현재 할당 베이스 시장의 대표적인 유형은 EU가 2005년부터 실시한 EU-ETS^{EU-Emission Trading}

Scheme: EU 배출권 거래제이다. EU는 역내 스물일곱 개 개별 국가에 온실가스 감축 목표를 부과하였고, 각 국가는 감축 목표를 이행하기 위해 자국 내 사업장에 온실가스 배출 할당치를 부과하였다. 2005년부터 온실가스 배출 허용량을 할당받은 EU 역내 기업들은 온실가스 배출 허용량 대비 잉여분 및 부족분의 배출권을 시장을 통해 거래하고 있다.

EU-ETS에서 할당된 후 거래되는 배출권 단위는 EUAsEU Allowances로, 전체 탄소 시장 거래의 약 70퍼센트거래 금액 기준를 점유하고 있다. 하지만 EUAs는 EU 지역의 기업 간에 거래되는 지역 통화와 같은 성격을 지니고 있기 때문에 교토의정서상의 온실가스 감축 의무를 달성하는 데는 사용되지 못한다. 예를 들어서 일본 기업이 유럽의 배출권 시장에서 EUAs를 구입해서 탄소 상쇄carbon offset에 사용한다면 이는 지구온난화를 방지하는 데는 기여하지만 일본이 교토의정서상 감축 의무를 달성하는 데는 기여하지 못하게 되는 것이다.

프로젝트 베이스 시장이란 CDM이나 JI 프로젝트와 같이 배출량 감축 프로젝트를 실시해서 거둔 성과에 따라 창출된 배출권을 거래하는 시장이다. CDM 프로젝트에서 발생하는 배출권은 CERsCertified Emission Reductions, JI 프로젝트로부터 발생하는 배출권은 ERUsEmission Reduction Units라고 한다. 2007년의 경우 전체 탄소 시장에서 프로젝트 베이스 시장이 차지하는 비중은 1차 CERs*이 약 15퍼센트, 2차 CERs**이 약 14퍼센트이며, ERUs는 1퍼센트 미만에거래 금액 기준 그치고 있다.

---

* Primary CERs은 CDM 사업의 발굴, PDD 등 CDM 등록 단계를 거쳐서 처음 발행된 CERs을 의미한다.

** Secondary CERs은 기 발행되어 거래되고 있는 CERs을 지칭한다.

CERs과 ERUs는 현재로서는 교토의정서상 감축 의무를 달성하는 데 사용될 수 있는 유일한 배출권으로 거의 동일한 프로세스를 통해 창출된다. CDM/JI를 통해 CERs/ERUs가 창출되는 과정은 다음과 같다.

CDM을 통해 CERs을 획득하려면?

◆ 선진국 및 개도국 당사자가 CDM 프로젝트를 기획

① 온실가스를 다량으로 배출하면서 감축 여력이 크고 사업성이 높은 CDM 프로젝트의 후보지를 물색, 선정한다.

② 해당 후보지에 아무런 조치가 없었을 경우 배출될 온실가스의 추정치를 산정한다. (이를 베이스라인이라 한다.)

③ CDM 프로젝트(선진국의 자금과 기술 투입)를 실시할 경우 예상되는 배출량을 산정한다.

④ ②와 ③의 차이를 증명하는 CDM 프로젝트 설계서PDD를 작성한다.

◆ PDDProject Design Documents를 양국 정부에 제출하여 승인을 받은 후 UN의 CDM 이사회의 심사를 통해 허가를 받으면 CDM 프로젝트로 등록된다.

◆ CDM 프로젝트의 실시 및 검증

① 플랜트의 건설 및 가동 후 UN이 지정한 검사 기관이 실사한다.

② 실사를 통해 베이스라인과의 차이가 검증되면 그 분량만큼 CERs이 발행된다.

◆ UNFCCCUnited Nations Framework Convention on Climate Change 등록부에 CERs 등록

① CERs은 1CO$_2$톤씩 등록 번호가 매겨진 채 UN 등록부에 올라간다.

② UN 등록을 마친 CERs은 ITL International Transaction Log이라는 UN 탄소 배출권 거래 시스템을 통해 매매와 전 세계로의 이동이 가능해 진다.

2009년 12월 현재 UN에 등록된 CDM 프로젝트는 1,946건이며, 이로 인해 연간 3억 2900만 톤의 CERs이 발행될 예정이다.[*]

배출권, 어디에서 거래되나?

배출권은 배출권 거래소나 장외시장 OTC: over-the-counter 을 통해 거래되는데, 2007년에는 장외시장에서 약 70퍼센트, 거래소를 통해 약 30퍼센트의 배출권이 거래되었다. 배출권 거래소 중 거래 물량이 많은 곳은 유럽기후거래소 ECX: European Climate Exchange 로 전체 거래소 거래 물량의 약 87퍼센트가 이곳에서 이루어졌다.

EU 지역의 배출권 거래소는 최대 물량이 거래되고 있는 런던의 유럽 기후거래소 ECX,[**] 오슬로의 노드풀 Nord pool, 파리의 블루넥스트 Bluenext,[***]

---

[*] http://cdm.unfccc.int/Statistics/index.html

[**] ECX(European Climate Exchange)는 영국 런던에 소재. 2005년 4월 네덜란드의 암스테르담에도 ECX가 설치됐지만, 2007년 10월 런던으로 통합됐다. ECX의 탄소 거래는 ICE(Inter Continental Exchange), 유럽선물거래소의 온라인 거래 시스템을 통해 이뤄진다.

[***] 2007년 12월, 뉴욕증권거래소(NYSE)가 유럽 2위의 배출권 거래소였던 파워넥스트(Powernext)의 탄소 시장 부문을 인수해 블루넥스트로 이름을 바꿨다.

세계 각국의 기후거래소 현황

이름	소재지	설립일	거래 상품
유럽기후거래소(EXC)	영국 런던	2005년 4월	EUA, CER 선물, 옵션, 현물
블루넥스트(BlueNext)	프랑스 파리	2007년 12월	EUA, CER 현물 및 선물
노드풀(Nord Pool Emissions)	노르웨이 오슬로	2005년 2월	EUA, CER 선물 및 현물
EEX Emission Trading	독일 라이프치히	2005년 3월	EUA 선물 및 옵션, CER 선물
센데CO2(SENDECO2)	스페인 바르셀로나	2005년 12월	EUA, CER 현물, 선물
EXAA Spot Market CO2	오스트리아 그라츠	2005년 5월	CER 현물
시카고기후거래소(CCX)	미국 시카고	2003년 12월	CFI
몬트리올기후거래소(MCex)	캐나다 몬트리올	2006년 7월	캐나다 이산화탄소 선물
호주기후거래소(ACX)	호주 네들랜즈	2005년 7월	CER, VER(Verified Emission Reduction), NGAC
뉴질랜드탄소거래소(NZCX)	뉴질랜드 웰링턴	2004년	CER, ERU, RMU
MCX 탄소거래소 (ECX-CFI MiniSM)	인도 뭄바이	2008년 1월	CER 및 CER 선물
텐진기후거래소(TCX)	중국 텐진	2008년 9월	CER, VER

※출처:《서울신문》(2009. 4. 27.)

라히프치히의 유럽에너지거래소EEX: European Energy Exchange, 암스테르담의 클라이멕스Climex, 그라츠의 오스트리아에너지거래소EXAA: Energy Exchange Austria, 바르셀로나의 SENDECO$_2$ 등이 있다. 그 밖의 지역 거래소로는 미국 시카고기후거래소CCX: Chicago Climate Exchange, 토론토의 그린하우스 온실가스 거래소Green House Gas Exchange, 호주 뉴사우스웨일스 거래소ACX: Australian Climate Exchange, 인도의 MCX 탄소거래소, 텐진기후거래소TCX: Tianjin Climate Exchange 등을 포함하면 전 세계적으로 10여 개의 배출권 거래소가 개설되어 있는 상태이다.

탄소 시장의 글로벌화

EU, 미국, 호주, 아시아 등 지역별로 분리된 현재의 탄소 시장은 향후 상호 연계를 통해 글로벌화가 이루어질 것으로 보인다. EU는 캘리포니아, 뉴욕 등 미국의 열두 개 주와 탄소 시장의 네트워크를 구축하기 위한 협상을 진행하고 있다. 기본적으로 지역별 탄소 시장이 서로 연계되기 위해서는 배출권 거래의 규칙, 참여 기업의 규모와 조건, 대상 시설의 심사 방법 등 거래 기준을 통일할 필요가 있다.

EU는 앞으로 캐나다, 호주 등의 지역 시장은 물론 아시아 지역 탄소 시장과의 연계까지도 고려하고 있어서 개도국까지 참여하는 국제 탄소 시장이 형성될 가능성도 존재한다.

탄소 시장의 글로벌화

| 교토의정서 관련 거래 시장 | | EU 배출권 시장 (EU-ETS) |

러시아 및 동구권 국가 등의 잉여배출권 — AAUs

CDM 프로젝트 — CERs — 전환 가능 → EUAs

JI 프로젝트 — ERUs

호주 등 지역 시장

미국 CCX

EU 국가별 배출권 시장 (EEX, 노드풀 등)

※AAU(Assigned Amout Unit)란 교토의정서에서 각국에 할당된 배출 가능량. 온실가스 배출량이 할당치보다 적은 국가는 AAU를 다른 국가에 판매할 수 있다.
※출처: 미즈호총합연구소, 「국제 배출권 거래 시장의 현상 및 향후 전망」, 2006년 5월의 자료를 근거로 재작성했다.

배출권 가격은 어떻게 형성되나?

배출권 가격은 기본적인 수급 이외에 투기적인 요소까지 가세해 등락을 거듭하고 있으나, 통상적으로 EU-ETS에서 할당된 EUA 가격(EUA 가격 동향은 EU-ETS 사례에서 기술)이 CDM 프로젝트로부터 발생해서 거래소에서 거래되는 2차 CER^{Secondary CER}에 비해 5~8유로가량 높게 형성되고 있다. 또한 통상적으로 CER 가격은 프로젝트의 단계, 형태, 진행 국가 등에 따른 리스크에 따라 달라진다.

프로젝트의 단계별로 보면 CDM 프로젝트가 등록 상태인 CER의 가격이 톤당 10유로^{약 1만 6000원} 선이라면, UN의 실사를 거쳐 이미 발행된 CER은 톤당 15유로^{약 2만 4000원} 선에서 가격이 형성된다. 미발행된^{프로젝트 등록 상태의} CER과 등록 번호가 매겨진 기발행된 CER의 가격 차이는 통상적으로 딜리버리 리스크^{delivery risk}에 기인한다. CER을 구매하고자 하는 기업은 많지만 UN의 인증을 마친 CER의 양은 적기 때문에 많은 경우 CER의 거래는 선도 계약의 형태로 이루어진다. CER의 선도 계약은 리스크를 수반하기 마련인데 CDM 프로젝트의 실시 단계에서 차질이 빚어지거나 UNFCCC의 실사 및 검증 단계에서 배출권이 '현물화'되지 못할 가능성이 존재하기 때문이다.

일례로 2007년 10월 25일 《니혼게이자이》 신문은 1면 톱으로 "도쿄전력東京電力과 미쓰이 물산의 CO₂ 감축 사업, UN 배출권 취득 실패"라는 제목의 기사를 실었다. 일본 기업이 신청한 CDM 프로젝트가 UN의 CDM 이사회에서 처음으로 등록 인가를 받지 못했다는 내용이었다. UN의 CDM 이사회에서 등록이 거부되는 경우는 신청된 전체 프로젝트의 약 5퍼센트에 해당한다. 등록이 된 후에도 리스크는 여전히 존재한다. 일례로 일본의 거대 플랜트 회사가 동유럽 국가에서 쓰레기 매립 처리장의 메탄가스 회수 프로젝트를 실행하고 있다. 이 경우 발생 가능한 리스크로는 생활 폐기물을 매립한 처리장에서 메탄가스가 기대 이하의 양밖에 회수되지 않을 리스크와 공장 주변의 기온 상승으로 메탄가스가 자연 기화해서 회수량이 줄어들 리스크 등이 존재한다. 따라서 배출권을 구입할 경우에는 개별 프로젝트의 리스크를 파악하여 리스크에 상응하는 만큼 가격을 할인받는 협상 전략이 필요하다.*

이 외에도 프로젝트의 형태별로 보면, 수요자들이 꺼려하는 수력 프로젝트보다 선호도가 높은 풍력 프로젝트의 경우가 높은 가격에 거래되고 있다. 또한 기업이 CSR^{Corporate Social Responsibility: 기업의 사회적 책임} 활동의 일환으로 CER을 구입하려 할 경우에는 기업의 이미지 제고로 연결될 수 있는 프로젝트를 선호하게 되므로 상징성과 홍보성이 있는 프로젝트의 경우 가격이 높아진다.

진행 국가의 상황에 따라서도 가격은 차별화된다. 해당국 자체가 안고 있는 국가 리스크는 물론, 해당국이 교토의정서로부터 탈퇴하거나 법 제도가 돌연 CDM을 인정하지 않는 방향으로 흐를 수 있는 리스크도 존재한다. 리스크가 크다고 판단될 경우 물론 가격은 낮게 형성된다. 이런 점에 비추어 볼 때 중국의 배출권 가격은 다른 나라에 비해 상대적으로 저렴하게 형성되었으나, 최근 중국 정부는 CER의 최대 판매국으로서 톤당 8유로^{약 1만 3000원} 이상의 판매 가격을 강력히 제시하고 있다.

---

* 기타무라 케이, 황조희 옮김, 『탄소가 돈이다』(도요새, 2009년), 92~97쪽.

169

배출권 누가 사고파나?

2006년 10월 중국 베이징에서는 카본 박람회가 개최되었다. 이 박람회장은 배출권을 사고팔기 위해 전 세계에서 몰려든 인파로 북적거렸다. 배출권을 팔려는 사람들은 주로 중국의 지방정부 및 기업 관계자였으며, 사려는 사람들은 EU와 일본의 기업 관계자였다. 2005년부터 실시된 EU-ETS에 따라 온실가스 배출 허용치를 할당받고 이를 충족시키지 못할 경우 톤당 40유로약 6만 4000원의 벌금을 내야만 하는 EU의 기업들은 저렴한 가격에 배출권을 구입할 수 있는 기회를 잡기 위해 베이징으로 날아들었다. 반면 일본의 경우 아직 강제적인 배출 감축은 실시하지 않고 있지만 기업들이 자발적인 감축 목표를 내걸고 온실가스를 줄이고 있는 상황이다. 특히 온실가스를 대량으로 배출하는 일본의 전력 및 철강 업체 등은 미쓰이와 미쓰비시 등 대형 상사에 배출권의 구입을 의뢰해 놓고 있는 상황이다. 일본의 상사 직원들이 배출권 구입을 위해 대거 베이징의 카본 박람회장을 찾은 것은 이러한 이유에서였다.*

아시아 지역 최초로 개최되었던 탄소 박람회는 온실가스 배출권 시장에서 중국이 차지하는 위상을 짐작케 했다. 중국 정부는 중국이 온실가스 배출권의 세계 최대 수출국이 될 것임을 선언하고 있으며, UNFCCC의 통계에 따르면 2009년 현재 중국은 전 세계 CDM 프로젝트에 따른 배출권CER의 58퍼센트를 창출하는 최대 판매국이 되고 있다.

---

* 北村慶, 『温暖化が金になる』(PHP研究所, 2007年), 70~72쪽.

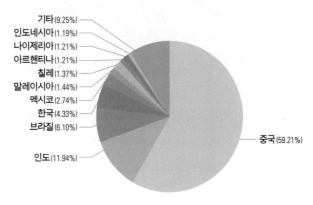

연간 예상 CER 발행국 현황(2009년 12월)

- 기타(9.25%)
- 인도네시아(1.19%)
- 나이제리아(1.21%)
- 아르헨티나(1.21%)
- 칠레(1.37%)
- 말레이시아(1.44%)
- 멕시코(2.74%)
- 한국(4.33%)
- 브라질(6.10%)
- 인도(11.94%)
- 중국(59.21%)

※출처: http://cdm.unfccc.int/Statistics/index.html

CDM으로 두 마리의 토끼를 잡는 중국

2009년 12월 현재 세계적으로 UN에 등록된 CDM 사업은 총 1,946 건으로, 배출권의 최대 창출국은 중국, 인도, 브라질, 한국 순이며 전체 CDM 배출권의 80퍼센트 정도가 이들 국가를 통해 창출된다.[*]

특히 최대 판매국인 중국은 CDM 프로젝트가 거대한 상기商機로 작용 할 것이라는 기대와 함께 유치에 매우 적극적이다. 에너지 효율이 매우 낮은 중국의 경우 온실가스의 감축 잠재력은 큰 반면 감축 비용은 적다. 따라서 EU와 일본의 기업들은 일찌감치 CDM 프로젝트의 상대국으로 중국을 주목하고 있었다. 세계은행은 이미 2005년 1월 향후 CDM 사업

• www.unfccc.int

의 절반 이상은 중국을 대상으로 이루어질 것이며, 이로 인한 중국의 예상 수익은 100억 위안약 1조 7000억 원을 넘을 것으로 전망한 바 있다.* 중국의 입장에서 CDM 프로젝트는 수익 이외에도 선진국의 자본과 기술로 온실가스를 감축하면서 에너지 이용 효율을 높여 경제 구조를 개선한다는 측면에서 매우 매력적인 일이 아닐 수 없다. 중국 정부의 대응도 빨랐다. 중국 정부는 2004년 6월 'CDM사업운영관리잠정변법'을 시행하여 국내의 신청, 심사 및 허가, 실시 및 감독 절차 체제를 정비하는 등 적극적인 유치를 도왔다.

한국은 UN 등록 기준 4위에 해당하는 CDM 프로젝트 추진국이다. 한국은 2012년까지는 온실가스 감축 의무가 없는 비부속서 I Non-Annex I 국가로 분류되어 있기 때문에 JI의 참여는 불가능하지만, CDM을 통한 배출권 거래는 가능하다. 특히 2005년 2월 단독Unilateral CDM 방식이 확정되면서 선진국부속서I과 개도국비부속서I 간에 추진되던 CDM 사업이 개도국 단독이나 개도국 간에도 가능하게 되었다.** 정부는 CDM 프로젝트를 촉진하기 위해서 2004년 6월 국무총리실 내에 국가 CDM 프로젝트 승인기구DNA: Designated National Authority를 설치했다.

• 중국《매일경제신문》(2005. 2. 16).

•• Unilateral CDM이란 부속서I 국가의 사업 승인서 없이 비부속서I 국가의 사업승인서만으로 CDM 사업의 등록이 가능한 방식이다.

영국 금융계의 배출권 전략

배출권의 최대 구입국은 영국, 캐나다, 일본, 스위스 순으로 이 4개국이 전 세계 CDM 배출권 구입의 70퍼센트 이상을 커버한다. CDM 배출권의 구입국 현황을 보면 2005년까지는 일본이 1위였으나, 2006년부터는 영국이 최대 구입국으로 부상하게 되었다. 일본의 경우는 높은 에너지 효율로 인해 자국 내에서의 온실가스 감축 비용이 매우 높기 때문에 에너지 다소비 기업을 중심으로 CDM 프로젝트를 통해 보다 저렴한 가격에 배출권을 획득하고자 하는 움직임이 확산되고 있다.

반면 영국의 상황은 자뭇 다르다. EU 역내에서의 재배분으로 교토의정서 기간 동안 영국이 줄여야 하는 온실가스 감축 목표는 1990년 대비 12.5퍼센트이다. 하지만 2005년 현재 영국은 이미 15.7퍼센트를 줄인 상황이어서 기업들이 실수요 차원에서 배출권을 시급히 구입해야 할 필요는 없게 되었다. 그렇다면 영국에서는 누가, 어떤 목적으로 배출권을 사들이고 있는 것일까? 배출권을 금융 상품화하고 있는 금융업자들이 한 축을 이룬다. 증권회사, 은행 등은 물론 헤지펀드와 '부티크'라고 불리는 소규모 투자은행들까지 나서서 배출권 펀드를 조성하고 배출권에 투자하여 시세 변동을 이용한 차익 실현을 시도하는 단계에까지 이르렀다.

탄소 시장의 중장기 리스크

세계은행은 국제 탄소 시장의 규모가 2005년 100억 달러에서 2006년

300억 달러, 2007년 650억 달러로 급속히 팽창하고 있으며, 2010년에는 1500억 달러약 170조 원 규모에 이를 것으로 전망하고 있다. 연평균 성장률로 무려 49.4퍼센트에 이른다. 하지만 시장 관계자들은 탄소 시장의 규모가 세계은행의 전망치를 웃돌 것으로 예상한다. EU-ETS가 2008년부터 2012년까지 2기간Phase II 중의 배출량 할당을 강화한 것이 주된 원인이며, 미국 역시 연방정부 차원은 아니지만 북동부 열 개 주를 중심으로 지역 내 230여 개 발전소를 대상으로 하는 배출권거래제RGGI˙가 2009년부터 출범했기 때문이다. 일부 전문가들은 중장기적으로 탄소 시장이 단일 시장으로서는 세계 최대 규모로 성장할 것이라는 예측도 서슴지 않는다.

반면 중장기적으로 탄소 시장을 전망할 때 고려해야 할 리스크 요인도 존재한다. 첫째는 제도적인 측면이다. 탄소 시장이란 규제에 의해 생겨난 시장이기 때문에 규제가 어떤 방향으로 흐를 것인가를 면밀히 검토해야 한다. 만약 EU-ETS나 교토의정서 체제가 지속되지 않는다면, 혹은 약화된다면, 탄소 시장에는 큰 타격이 불가피하다. 2009년 12월 코펜하겐 회의에서 온실가스 감축 목표에 대한 합의에 실패한 이후 배출권 가격이 일시적으로 하락하는 것도 같은 맥락에서이다. 하지만 앞으로 온실가스 감축 규제는 글로벌 차원에서나 지역 차원에서 모두 강화 방향으로 나아갈 것으로 예측되기 때문에 이 가능성은 낮다.

둘째는 기술적 측면이다. 만약 온실가스를 배출하지 않게끔 하는 원

˙ RGGI(Regional Greenhouse Gas Initiative)가 2008년 9월 미국 최초로 실시한 온실가스 경매에는 미국 북동부 여섯 개 주의 쉰아홉 개 업체가 참여했는데, CO_2 1톤을 배출할 수 있는 권리는 3.07달러(약 3,600원)에 낙찰됐다. RGGI에 참여하는 주는 뉴욕, 뉴저지, 뉴햄프셔, 델라웨어, 로드아일랜드, 매사추세츠, 메릴랜드, 메인, 버몬트, 코네티컷의 열 개 주이다.

천적인 기술이 발견된다면 탄소 시장에 어떤 상황이 발생하게 될 것인가? 부시 행정부가 교토의정서에서 탈퇴한 이후 줄곧 주장했던 것은 바로 온실가스를 줄이는 획기적인 원천 기술의 개발이었다. 대표적인 것이 CCS Carbon Capture and Storage로 화석연료가 연소될 때 방출되는 CO_2를 포집해서 땅속이나 해저에 묻는 기술 등이 이에 해당한다. CCS 기술은 이미 미국을 비롯한 주요 각국은 물론 국내에서도 연구 개발이 진행 중에 있다. 이러한 기술의 상용화가 탄소 시장에 미치게 될 영향 역시 염두에 두어야 한다.

셋째는 핫에어Hot Air* 등 잉여 배출권이 대규모 유입될 가능성이다. 교토의정서상 온실가스 감축 의무가 있는 부속서I 국가에 포함된 러시아는 0퍼센트의 감축 의무(즉 1990년 대비 현상 유지)를 지니고 있다. 하지만 1990년 이후 러시아 경제의 침체가 지속된 결과 2005년도의 CO_2 배출량은 1990년 대비 72퍼센트 수준에 불과한 상태이다. 온실가스를 줄이기 위해 아무런 노력을 기울이지 않았음에도 불구하고 경제가 마비되면서 온실가스 배출량이 자연히 큰 폭으로 저하된 것이다. 러시아의 잉여 배출권이 탄소 시장에 대거 유입될 경우 배출권 공급의 급증으로 인해 시장은 대혼란에 빠질 우려가 존재한다. 중장기적인 시각에서 탄소 시장을 논할 때 러시아가 보유한 핫에어를 어떻게 다룰 것인가가 항상 문제가 되고 있는 것도 바로 이러한 이유에서이다.

• 핫에어(자연 발생 잉여 배출권)란 배출 할당량이 감축을 위한 추가적 노력이 없는 상태에서 (BAU, Business as Usual) 발생하는 온실가스 배출량보다 많을 경우 그 차이를 의미한다.

11 기업의 탄소 전략

탄소 시장의 시험대

2005년 1월 EU에서는 글로벌 탄소 시장의 시험대가 되는 역사적인 EU-ETSEmission Trading Scheme: 배출권 거래제가 출범했다. 2001년 10월 EU위원회의 제안을 바탕으로 2003년 7월 EU이사회가 'EU 역내 배출권 거래 지령'을 채택함으로써 2005년 실시하기에 이르렀다. 역내 1만 1433개 에너지 다소비 사업장을 대상으로 CO_2 배출 허용량을 설정한 후 잉여분 및 부족분을 거래토록 한 캡앤드트레이드cap and trade 제도가 바로 그것이다.

EU는 교토의정서에 따라 2008~2012년 기간 중 1990년 온실가스 배출량 대비 배출량을 8퍼센트 줄이도록 하는 감축 의무를 지게 되었다.

EU 국가들은 교토의정서와는 별도로 책임 분담을 위한 역내 협정을 통해 온실가스 감축 의무를 재배분했다. EU 역내 국가들은 자국에 부과된 배출 감축 목표를 달성하기 위해 온실가스 감축 대상 사업장을 선정하고 이들 사업장에 배출 허용치EUAs: EU Allowances를 부과하는 나라별 할당 계획NAP: National Allocation Plan을 실시하기에 이르렀다. 20메가와트 이상의 연소 시설 또는 에너지 다소비 사업장이 우선적인 감축 대상이 되었는데 전력, 철강, 시멘트, 제지, 석유정제, 석유화학 등의 업종이 포함되게 되었다.

이 제도는 2005~2007년을 1기간Phase I, 2008~2012년을 2기간Phase II으로 나누어 각 기간별로 에너지 다소비 사업장에 온실가스 배출 허용치를 부과하였다. 1기간 중에는 EU 전체 배출량의 약 46퍼센트를 배출하는 사업장들이 포함되었다. 나라별로는 독일의 사업장이 가장 많이 포함되었으며1,849개, 영국1,078개이 2위를 차지하고 있다. 감축 의무를 달성하지 못했을 경우(직접 줄이거나 부족분을 시장 거래나 CDM 등을 통해 충당하지 못했을 경우) 벌금을 부과하고 있는데 1기간 중에는 CO_2톤당 40유로의 벌금이 책정되었다. 2008년 이후인 2기간부터는 벌금을 CO_2톤당 100유로로 2.5배나 올렸다. 이는 배출권 시장에서의 배출권 가격이 최대 톤당 40유로에서 100유로로 늘어날 수 있음을 의미하고 있어 기업의 온실가스 감축 비용 부담이 증가하고 탄소 시장의 규모가 확대될 가능성을 내포하게 되었다.

EU 역내 주요 15개국의 온실가스 감축 목표 및 실적

국명	목표(퍼센트)	2005년 실적(퍼센트)
오스트리아	-13.0	+18.1
벨기에	-7.5	-2.1
덴마크	-21.0	-7.8
핀란드	0.0	-2.6
프랑스	0.0	-1.9
독일	-21.0	-18.7
그리스	+25.0	+25.4
아일랜드	+13.0	+25.4
이탈리아	-6.5	+12.1
룩셈부르크	-28.0	+0.4
네델란드	-6.0	-1.1
포르투칼	+27.0	+40.4
스페인	+15.0	+52.3
스웨덴	+4.0	-7.4
영국	-12.5	-15.7
합계	-8.0	-2.0

※출처: UNFCCC

EU-ETS의 허와 실

EU-ETS는 출범 이래 국제 배출권 시장의 약 80퍼센트를 점유할 정도로 급성장하면서 글로벌 탄소 시장의 선두주자로서의 입지를 다지고 있다. EU는 EU-ETS의 글로벌 스탠다드화를 지향하면서 향후 국제협상에서의 발언권을 높이기 위해 EU-ETS에 역외국의 참여를 적극 유도하고 있어 현재 지역별로 분리된 탄소 시장 간의 연계도 강화될 전망이다.

하지만 이제 시장 출범 5년째에 접어들고 있는 이 제도는 그동안 적지 않은 진통을 겪어 왔으며, 앞으로도 해결해야 할 많은 과제를 노출시키면서 향후 배출권 거래제를 도입할 다른 국가들에게 교훈과 시사점을 제공하고 있다.

첫째, 가장 탈도 많고 말도 많았던 부분은 바로 사업장별로 배출권 허용치EUAs를 할당하는 문제였다. 배출권 허용치의 할당은 2004년 1월 EU 위원회에서 합의된 「EU 배출권 거래 초기 할당 가이드라인」에 의해서 개별 국가별로 실시되었다. 얼마 만큼의 배출 허용치를 받을 것인가는 EU-ETS에 참여하는 기업의 입장에서는 가장 중요한 이슈였으며, 막후에서는 각국 정부와 업계 간 치열한 교섭이 벌어졌다. 기업들은 최대한 여유 있는 허용치를 받아서 배출권을 사오거나 벌금을 내야 하는 상황을 피하기 위해 정부와 협상을 해야만 했다. 사업장별로 허용치를 부과하는 것은 전적으로 각국 정부에 위임된 사항이었으며 개별 국가별로 차이는 있지만 각국은 EU의 가이드라인을 기본으로 각국 정부의 감축 목표, 각국의 산업이 처해 있는 상황(얼마나 치열한 국제 경쟁에 노출되어 있는가가 주요 관점), 그리고 개별 사업장의 배출 실적치 등을 종합적으로 고려하여 이루어졌다.

예를 들어 영국 정부는 전력 부문에는 상대적으로 엄격한 허용치를 부과한 반면 기타 산업, 특히 철강 부문에는 매우 느슨한 할당치를 배분하였다. 독과점 상태에 가까운 전력 부문의 경우 국제 경쟁력 차원에서 크게 문제 될 바가 없지만, 치열한 국제 경쟁에 노출되어 있는 철강 산업에 엄격한 허용치를 부과할 경우 상대적인 경쟁력 저하를 면하기가 어렵다는 판단에서였다. 이와 같은 조치는 비단 영국뿐만 아니라 EU-ETS에 참여하는 모든 국가에서 발생했다.

　각국 정부의 EUA 배분은 다양한 방향에서 기업에 영향을 주었다. EUA 배분에 대해 불만을 지닌 기업들이 공평성을 문제 삼아 자국 정부를 제소하는 소송이 잇달았다. EU-ETS 1기간 중 대상 사업장에 포함되었던 중소기업의 경우는 배출권 거래에 대한 준비 부족과 까다로운 시행 절차 등으로 인해 곤혹스러움을 표명하기도 했다. 상대적으로 엄격한 허용치를 할당받은 전력 업체는 배출권 구입 비용을 소비자에게 전가시키기 위해 일찌감치 전력 요금을 올렸지만 상대적으로 따뜻한 겨울을 맞이하면서 실제로는 온실가스 감축 할당량을 초과하지 않게 되었다. 전력 가격의 상승분만큼 이 회사들은 오히려 이익을 보게 된 것이다.

　둘째로 전체 시장의 관점에서 가장 문제가 되었던 것은 1기간 중에 EUA가 과도하게 배분되었다는 점이다. EU-ETS의 1기간은 주최측의 입장에서는 '시행 기간'의 성격이 짙었으며, 가장 역점을 두었던 것은 이 제도를 어떻게 하면 원활하게 도입해서 정착시킬 것인가라는 점이었다. 따라서 EU 국가들은 자국 내 사업장에 엄격한 온실가스 배출 허용치를 부과하기보다는 상대적으로 여유 있는 허용치를 부과하게 되었고, 이는 배출권 가격의 폭락을 불러오는 결정적 계기로 작용했다.

　이에 따라 EU-ETS 출범 초기 CO_2톤당 10달러 대에서 같은 해 8월 30달러 수준에 근접했던 배출권 가격은 2006년 5월 톤당 10달러 대로 폭락했으며, 6월 톤당 16달러 대까지 회복되었던 배출권 가격은 2007년 초 톤당 1달러 미만까지 다시 폭락하는 사태에 이르게 된다.

　EU-ETS 1기간 중2005~2007년 배출권 가격 폭락의 교훈을 거울 삼아 각국 정부는 2기간2008~2012년에는 보다 엄밀한 심사를 통해 사업장별로

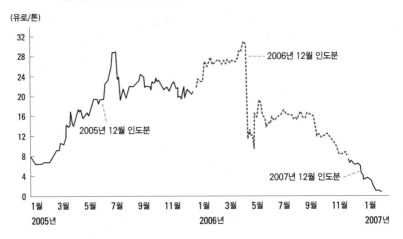

EU-ETS 1기간(2005~2007년) 중 배출권(EUA) 가격 추이

(유로/톤)

2006년 12월 인도분

2005년 12월 인도분

2007년 12월 인도분

1월 3월 5월 7월 9월 11월 1월 3월 5월 7월 9월 11월 1월
2005년   2006년   2007년

※출처: 一方井誠治, 『低炭素時代の日本の選択』(岩波書店, 2008년), 32쪽

1기간에 비해 엄격한 허용치를 부과하였고, 그 결과 기업의 입장에서는 온실가스 감축 비용의 증가가 불가피하게 되었다. 또한 2012년부터는 항공 부문도 EU-ETS에 편입되도록 확정되어 배출권 가격 상승의 요인이 될 것으로 전망되고 있다. 항공 부문의 2012년 배출권 할당은 2004~2006년의 97퍼센트이며, 2013년에는 95퍼센트 수준으로 감소하기 때문에 항공사들이 배출권의 신규 수요자로 등장할 전망이다.

셋째는 EU 역내 국가 간 온실가스 감축 목표의 공정성과 형평성 문제도 끊임없이 제기되었다. 2007년 7월에는 슬로바키아, 폴란드, 체코, 헝가리의 4개국이 배출 할당량의 산출 근거가 불명확하다는 이유로 EU위원회를 EU사법재판소에 제소하는 사건이 발생했다. 특히 EU가 교토의정서에 조인한 이후에 신규로 가입한 중유럽 국가들은 자국의 경제 성장을 저해한다며 불만을 터뜨리는 등 EU 역내 국가 간 갈등이 노정되기도 했다.

넷째는 EU-ETS의 도입이 기업들의 실질적인 온실가스 감축 노력에 얼마나 유효했는가라는 측면과 설익은 제도를 적용하는 과정에서 절차의 복잡함 등으로 기업에 혼란을 야기했다는 문제 제기도 적지 않았다.

EU-ETS가 시행, 정착되는 과정에서의 혼란 및 공평성, 실효성 등을 둘러싼 불만에도 불구하고 이 제도의 시행은 참여 기업들로 하여금 지구온난화 방지를 위한 기업 차원의 온실가스 감축의 필연성 및 감축 비용에 대한 현실적인 인식을 통해 기업 경영과 온실가스 감축에 대한 인식을 새로이 하는 계기가 되었다는 점에서 의미 있는 행보였다고 평가할 수 있다.

규제의 본격화

EU는 2005년에서 2012년까지 EU-ETS 1, 2기를 운영하면서 얻은 경험과 그 과정에서의 시행착오를 바탕으로 2013년 이후 본격적인 온실가스 규제 시대와 탄소 시장의 활성화 전략을 준비하고 있다.

첫째, EU가 국제사회에서 공약으로 내걸고 있듯이 2020년까지 1990년 대비 온실가스를 20퍼센트(모든 국가들이 참여시 30퍼센트) 줄인다는 목표 아래 역내 국가별 재분배에 들어간다. EU-ETS 1, 2기에는 참여 기업이 기간별로 목표 달성 의무가 주어진 까닭에 기간의 마지막 해에 배출권의 수급 상황에 따라 배출권 가격이 폭락 또는 폭등할 가능성이 있었다는

EU-ETS의 전개 과정

	EU-ETS 1기	EU-ETS 2기	EU-ETS 3기
기간	2005~2007년	2008~2012년	2013~2020년
감축 목표	1990년 대비 8퍼센트	1990년 대비 8퍼센트	1990년 대비 20~30퍼센트
규제 업종	전력, 열병합, 정유, 철강, 시멘트, 유리, 제지	항공 부문 추가	건설, 수송, 농업, 산업 폐기물 부문 추가
대상 가스	CO_2	CO_2	확대
허용량 배분	무상	무상	경매 방식으로 구매
벌금	톤당 40유로	톤당 100유로	미정

것을 교훈 삼아, 감축 목표를 1년마다 정하도록 하고 있다.

둘째, 1기에는 전체 배출량 기준으로 46퍼센트를 차지하는 에너지 다소비 기업들이 참여하였고, 2기에는 항공 부문이 추가되었으나, 3기[2013~2020년]에는 나머지 54퍼센트에 대해서도 개별 국가별 책임을 지도록 의무를 부과했다. 참여 기업도 건설, 수송, 농업, 산업 폐기물 처리 등으로 확대될 전망이다. 규제 대상 가스도 1, 2기에서는 CO_2만으로 한정했으나, 3기에서는 규제 범위를 확대할 예정이다.

셋째, 1, 2기에서는 무상으로 제공되었던 허용량을 단계적으로 유상화시켜 나간다는 방침이다. 1, 2기에서는 배출권의 허용량을 할당할 때 주로 사업장의 과거 온실가스 배출 실적을 기준으로 허용량을 부과하는 그랜드파더링Grandfathering 방식을 사용했으나, 3기에는 사업장이 필요한 만큼의 허용량을 입찰을 통해 구매하도록 하는 경매 방식을 도입할 예정이다. 경매 방식을 도입하게 되면 기존에는 무상으로 제공받던 허용치까지도 돈을 지불해야 하기 때문에 이 방식의 도입에 대한 산업계의 반발도 적지 않은 상태이다. 따라서 전력 부문에만 전면적으로 경매 방식을 도입하고, 기타 산업에 대해서는 단계적으로 확대 적용해 나간다는 방침이다.

EU 기업들의 배출권 전략

EU-ETS의 도입으로 EU 역내 기업들은 세계에서 처음으로 본격적인 탄소 시장을 경험하게 되었다. 이들 기업들은 온실가스 감축과 배출권 거래제라는 유례 없는 규제와 시장의 탄생 과정에서 어떤 대응을 취해 왔을까?

『저탄소 시대, 일본의 선택』의 저자 잇카타이세이지―方井誠治 교수의 연구팀이 EU의 마흔여 개 기업을 대상으로 인터뷰한 결과에 의하면, EU-ETS가 온실가스 배출과 관련된 기업의 행태 전반을 바꾸는 단계에는 이르지 못한 것으로 평가되고 있다. 가장 큰 이유로는 EU-ETS 1기 동안 할당된 배출 허용량이 거의 기업이 원하는 수준에 가까웠다는 점, 추가적인 배출권 구입 비용은 대부분 소비자에게 전가시킬 수 있었다는 점 등이었다. 또한 현 상태로는 미래의 EUA 가격을 예측하는 것이 힘들기 때문에 온실가스를 줄이기 위해 대대적인 설비 투자에 나서기는 곤란했다는 점도 작용한 것으로 보인다. 그럼에도 불구하고 배출권 거래제의 도입으로 기업 경영에서 배출권 대응 전략의 중요성과 온실가스 감축 비용에 대한 인식은 확실히 정착되기에 이르렀으며, 정부가 중장기적인 정책 방향을 기업에 명시해 주는 것이 기업 경영상의 판단을 내리는 데 중요하다는 점 등이 지적되었다.[*]

인터뷰 결과에서도 나타나고 있듯이 EU-ETS 대응에서 관찰되는 몇 가지 중요한 사실은 첫째, EU가 온실가스 감축과 배출권 거래 제도 등을 통해 교토의정서 및 포스트 교토의정서 협상에서 강력한 리더십을 발휘하고 있으나, 실제로 감축에 유리한 역내 상황을 이용하여 기업들이 큰 부담을 지지 않는 선에서 온실가스 규제 시대의 노하우를 학습하게 하고 있다는 점이다. 정치적인 면과 경제적인 면 양 측면에서 매우 노련한 플레이를 하고 있는 것이다.

둘째, 현재의 배출권 가격 상황에서는(2009년 12월 현재 톤당 15유로 안 팎)[**] 기업들이 자체적으로 온실가스를 줄이기 위한 공정 개선이나 신규 설비 투자보다는 배출권 시장을 활용하는 전략을 적극 선호하고 있다는 점이다. 실례로 스페인 최대 전력 회사인 엔데사Endesa는 3억 7000유로를 투자해 신기술(폐기물 처리, 열병합발전, 풍력 등)을 도입한 결과 연간 140만 톤의 CO_2 배출을 줄일 수 있었던 반면 4400만 유로를 투자해서 1070만 톤의 배출권을 구입했다. 중장기적인 정책 방향과 배출권 가격의 예측이 어려운 상황에서 매년 실적에 쫓기는 기업의 최고경영자가 온실가스를 줄이기 위한 대대적인 설비 투자에 나서기는 매우 어렵다는 점을 쉽게 알 수 있다.

셋째, 배출권 시장을 활용하는 개별 기업들의 전략은 크게 시장에서

---

[*] 一方井誠治, 『低炭素時代の日本の選択』(岩波書店, 2008), 35~36쪽.

[**] www.pointcarbon.com

배출권을 구입하거나 CDM 혹은 JI 프로젝트 등을 통해 독자적으로 배출권을 창출하는 방법으로 대별되고 있다는 점이다.

독일 최대의 전력 회사인 알베에RWE는 EU에서 가장 많은 CO_2를 배출하는 회사로 2008년 이후 매년 7000만 톤의 배출 감축 의무를 받았으며, 배출권의 획득을 위해 1억 5000만 유로약 1759억 원의 막대한 CDM 투자 예산을 편성했다.* 연간 1억 톤의 CO_2를 배출하는 프랑스 전력공사 EDF는 8000만 톤 규모의 CO_2 허용량을 할당받아 연간 2000만 톤의 배출을 줄여야 하는 상황이다. EDF는 CDM 프로젝트를 전문적으로 운영해서 배출권을 획득하기 위해 EDF트레이딩EDF Trading이라는 자회사를 설립하기까지 했다. 또한 EDF의 다섯 개 주요 계열사는 3억 유로의 CDM 및 JI 프로젝트 전용 펀드를 조성해서 중국, 인도, 브라질 등에서 CDM 프로젝트를 추진하고 있다. 스페인의 엔데사도 2005년 11월 ECIEndesa Climate Initiative를 설립한 후 1년 동안 100건 이상의 CDM 및 JI 프로젝트를 발굴하기도 했다.

반면 개도국에서의 프로젝트 운영에 따른 리스크를 우려하는 기업들은 배출권 시장에서 CER과 EUA를 구입하는 데 주력하고 있다. 영국 최대의 가스·전력 업체인 센트리카Centrica는 2005년 CO_2 배출량이 587만 톤인데 EU-ETS 1기2005~2007년에는 이를 웃도는 659만 톤의 배출 허용량을 할당받았다. 하지만 EU-ETS 2기2008~2012년에는 540만 톤으로 허용량이 대폭 줄어든 결과 배출량이 2005년 수준을 계속 유지할 경우 2008년 이후에는 매년 47만 톤의 감축이 필요한 상황이 되었다. 센트리카는

---

* JETRO, 「EU排出権取引制度および主要国の動向」(2007. 7.)

CDM 프로젝트를 직접 운영하기보다는 시장에서 CER을 구입하는 전략을 택했다. 2005년 CO$_2$ 배출량이 1625만 톤인 영국 가스·전력 업체 스코티시파워Scottish Power는 EU-ETS 1기에는 1500만 톤의 허용량을 할당받았으나, EU-ETS 2기에는 1000만 톤으로 허용량이 대폭 줄게 되었다. 스코티시파워는 2005년에 감축분 125만 톤을 전량 EUA 구입으로 충당한 바 있다.

탄소 시장에 보다 적극적으로 진출해 수익을 창출하고 있는 기업들도 눈에 띈다. 세계 3위의 풍력발전 업체인 스페인의 가메사Gamesa는 풍력발전 시설 건설 사업을 CDM 프로젝트로 만들어 획득한 탄소 크레딧을 전력 회사에 매각하는 비즈니스 모델을 구축해 향후 10년간 연간 1억 달러 이상의 부가 수입을 거둘 전망이다.

프랑스의 화학 그룹 로디아Rhodia는 브라질과 한국 등지에 온실가스 저감 시설을 지어 배출권을 획득한 경우다. 2007년에 배출권 판매 수익만도 1억 8900만 유로약 2600억 원에 달한다.

탄소 시장의 활성화와 함께 배출권 시장의 전망, 거래 중개, 기업의 배출권 전략 수립 등에 관한 컨설팅 시장도 급속히 확대되고 있다. 노르웨이의 포인트카본PointCarbon, 영국의 에코시큐리티스EcoSecurities, 일본의 낫소스Natsource, 미국의 캔터CO2eCantor CO2e 등은 탄소 시장에 특화된 대표적인 전문 컨설팅 업체로 컨설팅 수입, 거래 중개 수수료, 유료 정보 제공 등이 주요 수익원이다. 이 분야의 선두주자인 포인트카본은 오슬로에 본사를 둔 탄소 시장 최대 정보 및 컨설팅 기업이다. 2000년 설립된 이후 급성장을 지속한 결과 워싱턴, 런던, 도쿄 등 아홉 개 도시에 지사를 거느린 대형 탄소 컨설팅 업체로 거듭났다. 유료 정보 사이트 운영만으로도 짭짤한 수익을 거두고 있는 이 기업은 탄소 포탈을 통해 탄소 시장 뉴스실시간, 일간, 주간, 격주간, 거래소 매매 분석, 연구 보고서 등을 제공하고 있다. BP, 셸, 도이치방크, 각국 정부 등 150여 개 국가의 3만여 회원 기업을 보유하고 있는데, 뉴스 정보 제공 서비스에 대한 연 회비가 1,295유로약 152만 원*이다. 연 회비만으로도 약 3900만 유로가량의 수익을 거두는 것으로 추정되고 있다.

※출처: 포인트카본(www.pointcarbon.com) 웹사이트

• www.pointcarbon.com

일본 산업계의 자발적 감축

일본은 EU와 마찬가지로 2008년부터 교토의정서상의 온실가스 감축 의무 이행에 들어갔다. 하지만 EU와 같이 기업에 온실가스 허용치를 부여하고 과부족분을 시장에서 거래토록 하는 강제적인 형태의 온실가스 규제는 도입하지 않았다. 규제를 대신해서 일본의 재계 단체인 게이단렌經團聯을 중심으로 산업계가 '자주행동계획'을 통해 업계별로 자발적인 온실가스 감축 목표를 도입하고 이를 이행하고 있는 상황이다.

'자발적, 자주적'인 감축 목표라는 것이 과연 제대로 지켜질 수 있는 것인가라는 의문도 제기되고 있고, 일본 내 전문가들은 일본 역시 EU와 같은 배출권 거래 제도를 도입해야 한다고 목소리를 높이고 있지만 이미 일본 기업들은 온실가스 감축과 탄소 시장에 대응하기 위해 발빠르게 나서고 있다.

가장 전형적인 기업 대응의 형태는 탄소 배출권을 구입해서 '자주행동계획'에 따른 온실가스 감축 목표를 달성하는 것이다. 2006년 미즈호총합연구소는 일본 전력 회사들의 온실가스 감축 비용을 추정한 결과 자체적으로 공정을 개선하거나 신기술을 도입해서 온실가스를 줄일 경우 탄소 시장에서 배출권을 구입하는 비용CO_2 1톤당 958엔으로 계산보다 2~45배 더 높은 것으로 나타났다고 발표했다.* 자체적으로 줄이는 것보다 시장에서 배출권을 구입하는 것이 훨씬 비용이 적게 든다는 것이다. 일본

---

* CO_2 톤당 감축 비용은 축산 폐기물 이용시 4만 3636엔, 풍력발전 도입시 1만 2273엔, 화력발전으로 연료 전환시 4,364엔, 폐기물 발전 이용시 1,991엔으로 나타났다. 미즈호총합연구소, 「국제 배출권 거래 시장의 현상 및 향후 전망」(2006. 5.)

의 에너지 효율이 세계 최고 수준임을 감안하면 당연한 일이기도 하다.

2007년 2월 일본 환경성은 탄소 배출권을 거래하고자 하는 기업들을 대상으로 배출권 계좌 개설 신청을 받기 시작했다. 배출권 계좌란 무엇일까? UNFCCC유엔기후변화협약 사무국은 배출권 거래를 원하는 세계 각국과 배출권 등록부를 ITLInternational Transaction Log이라는 전자 네트워크로 연결시킨 후 배출권의 전자 거래를 개시했다. ITL에 세계 최초로 접속한 국가는 다름 아닌 일본이다. 국가 등록부상의 배출권 취득 계좌를 만든 일본 기업들은 이제 전자 거래로 UNFCCC가 최종적으로 인증해서 시리얼 넘버를 부여받은 배출권을 구입할 수 있게 되었다.

2009년 12월 현재 ITL에 접속을 마친 국가는 일본 이외에도 스위스, 뉴질랜드 등 총 서른아홉 개 국가이며, 2009년 12월 현재 신니혼 제철, 소니, 샤프 등 일본의 대표 기업들이 대거 국가 등록부에 계좌를 개설했다.

배출권 왜 구입하나?

정부로부터 온실가스 배출 할당치를 부여받지 않은 상태인 일본 기업들이 국가 배출권 등록부에 배출권 계좌를 만들어 배출권을 구입하거나 CDM 프로젝트를 통해 배출권을 창출하고 있는 이유는 무엇일까? 그 이유와 유형은 다양하다.

첫 번째 유형은 비록 자발적 목표이기는 하지만 자사의 온실가스 감축 목표를 달성하는 데 사용하기 위해 배출권을 구입하는 경우로 주로 에너지 소비량이 많은 기업들이 이에 해당한다. 즉 배출권 시장의 실수요자들이라고 할 수 있다. 규제가 강제되지 않은 상태에서 자발적인 감축 목표를 진지하게 이행하고 있는 일본 기업들에 대해 놀라워하는 시각도 적지 않다. 일본 기업들의 이런 행보에는 복합적인 요인이 작용하고 있다. 남에게 폐를 끼치는 것을 죄악시하는 문화적 요인에서부터 이렇게라도 하지 않으면 규제가 좀 더 빠른 시기에 현실화될 수밖에 없을 것이라는 실용적 계산, 그리고 조만간 피할 수 없는 글로벌 규제의 폭풍에 대비해서 미리 경험하고 학습하는 것이 바람직하다는 현실적인 타협이 종합적으로 작용하고 있다.

두 번째는 CDM 및 JI 프로젝트를 개발해 배출권이 필요한 에너지 다소비 기업에 매각하는 등 수익 창출을 목표로 하는 종합상사, 신재생에너지 기업, 엔지니어링, 플랜트 기업 등이 대표적이다. 특히 현지 네트워크와 정보력, 종합력 등 CDM 프로젝트 추진에 강점을 지닌 일본 상사들이 CDM 비즈니스를 적극적으로 추진하고 있다. 일본 배출권 비즈니스의 선두주자는 미쓰비시 상사로 이미 1990년대 후반부터 배출권을 활용한 비즈니스 모델에 관심을 가져 왔다. 2000년 이후 미국의 탄소 중개 회사인 낫소스에 공동 출자하고 인재를 파견해 배출권 거래의 노하우를 축적해 왔다. 2007년 초까지 미쓰비시 상사는 이미 여섯 건의 CDM 프로젝트로 연간 1200만 CO_2톤의 배출권을 획득했으며, 이로 인해 연간 약 1억 3000만 달러약 1525억 원의 수익이 예상되는 상황에 이르렀다. 2007년 4월에는 기존의 배출권 담당 부서를 스물아홉 명의 전문가로 구성된 '배출권 사업부'로 확대 개편하면서 이 시장의 선두주자로서의 입지를 굳혔다.*

• http://premium.nikkeibp.co.jp (「本格化する排出権ビジネス」, 2007. 7.)

이 외에도 마루베니, 스미토모, 미쓰이 물산, 도요타 통상 등 상사들이 배출권 비즈니스에 대거 뛰어들고 있다.

금융 기관들의 행보도 눈에 띈다. 교토의정서 의무 이행 기간이 시작되는 2008년 이후 배출권 거래가 늘어날 것으로 예상한 신탁은행 및 증권회사 등은 금융 상품 개발 및 배출권 중개 사업에 본격 진출하기 시작했다. 금융 기관들은 국가 등록부에 배출권 계좌를 개설해 직접 배출권을 구입하거나 상사가 구입한 배출권을 재구입한 후 신탁수익증권을 만들어 소규모의 배출권이 필요한 중소기업들에 팔고 있다.

세 번째 유형은 CSRCorporate Social Responsibility: 기업의 사회적 책임 활동이나 기업 마케팅에서의 차별화 전략 등을 위해 배출권을 구입하는 유형이다. 세븐일레븐이라는 편의점으로 잘 알려진 세븐앤드아이홀딩스는 미쓰비시 UFJ 신탁은행으로부터 배출권 신탁을 구입한 후 그 배출권을 정부에 무상으로 양도함으로써 일본 정부의 교토의정서상 온실가스 감축 목표 달성에 일조했다.

일본 최대 건설 회사인 시미즈淸水는 러시아 등에서 JI 프로젝트를 통해 배출권을 창출한다. 이 배출권은 팔아서 수익을 거두기도 하지만 한편 자사가 건설하는 빌딩과 오피스의 탄소 배출을 상쇄하는 데 사용함으로써 탄소 중립Carbon Neutral * 빌딩, 탄소 중립 오피스라는 차별화된 마케팅 전략에 사용하고 있다. **

---

* 제품이 만들어지는 모든 과정(제품의 라이프사이클)에서 배출된 온실가스의 양을 합산하여 기록하는 것을 '탄소 발자국(카본 풋프린트)'이라고 하며, 이를 상쇄할 수 있는 행동(배출권을 구입해서 상쇄하거나 나무를 심거나 삼림 조성 프로그램 등에 기부를 하는 등)을 해서 실질 배출량을 제로로 했을 때를 '탄소 중립'이라 한다.

** 기타무라 케이, 황조희 옮김, 『탄소가 돈이다』(도요새, 2009년), 23~32쪽.

우리 기업, 어떻게 대응할까?

국내적으로 "2020 중장기 온실가스 감축 목표"가 이미 제시되었고 국제적인 차원에서도 2013년부터 온실가스 감축 규제의 압력이 거세지는 가운데 우리 기업에도 이제 온실가스를 줄이는 일과 탄소 시장에 대한 대응은 '발등의 불'로 다가오고 있다.

온실가스 규제 시대의 도래는 기업의 온실가스 배출 현황과 탄소 시장에 어떻게 대응하느냐에 따라 기업 경영에 버거운 짐이 될 수도 있고 새로운 성장 기회의 돌파구로 작용할 수도 있다. 이제 어떻게 대응해야 할까? 앞서 소개한 글로벌 기업들의 대응 형태와 전략을 통해 이미 시사점을 얻을 수 있었을 것이다. 이제 대부분의 기업에서 공통적으로 활용할 수 있는 단계별 대응 전략을 소개하고자 한다.

기업의 온실가스 대응 5단계 전략

1단계	**온실가스 규제의 영향 파악** 개별 사업장, 제품 및 서비스에 미치는 영향
2단계	**자사의 현상 파악** 어디로부터 얼마만큼 배출되고 있는지 파악 (생산 공정, 수송, 판매 제품 등)
3단계	**감축 옵션에 대한 정보 수집** 감축 비용, 감축 잠재력, 장해 요인 등
4단계	**사내 및 사외 옵션의 포트폴리오 검토** 자사 내에서의 감축 + 배출권 거래 + 청정 개발 체제 이용 등
5단계	**자사의 강점을 살린 새로운 비즈니스 검토**

첫 번째 단계는 온실가스 규제가 해당 업종 전반은 물론 개별 사업장, 제품 및 서비스, 기술 개발 등에 어떤 영향을 미칠 것인지에 대한 기본적인 사항을 파악하는 데서 출발해야 한다. 해당 업종이 온실가스 규제의 우선 대상에 포함될 것인지, 해당 사업장은 경쟁 업종의 다른 사업장과 비교할 때 얼마나 경쟁력이 있을지, 온실가스가 규제되는 사회에서는 제품과 서비스에 어떤 새로운 옷을 입혀야 할지, 중장기적인 기술 개발의 방향은 어떻게 재조정해야 할지 등에 대한 큰 그림을 대략적으로라도 그려 보길 바란다.

두 번째 단계는 온실가스 규제에 영향을 크게 받는 업종이라면 해당 사업장별로 온실가스가 어디로부터, 얼마나 배출되고 있는지에 대한 정확한 정보를 파악하는 인벤토리 구축 작업에 들어가야 한다. 온실가스 규제를 경험한 적이 없는 기업의 입장에서 온실가스 배출 현황을 정밀히 파악하기란 쉽지 않은 일이다. 하지만 측정된 것만이 관리될 수 있다는 사실을 잊지 말아야 한다.

세계자원연구소WRI: World Resources Institute나 세계지속가능발전기업협의회WBCSD: World Business Council on Sustainable Development 등이 내놓은 지침에 따르면 배출 정보의 파악은 크게 세 가지 범주로 나뉜다.* 전력 생산을 비롯해서 생산 공정에서의 직접 배출[범주1], 구입한 에너지로부터의 간접 배출[범주2], 원료의 이동이나 제품 사용 중의 배출 등 가치 사슬의 전 과정에서 발생하는 배출[범주3]이다. 어디까지가 포함될지는 배출권 거래의 제도 설계에 따라 달라진다. EU-ETS에서는 범주1만을 대상으로 하고 있

* Andrew J. Hoffman, John G. Woody, *Climate Change: What's Your Business Strategy?* (Harvard Business Press, 2008), 28-30쪽.

음을 참조한다면 일단 직접 배출의 현황을 면밀히 측정하는 것이 바람직한 출발점이 될 것이다.

온실가스 감축의 성공 사례

◆ BASF: 열병합발전소 건설, 연료 전환 등을 통해 온실가스 감축

① 2003년 독일 루트비히스하펜에 열병합(CHP) 발전소를 건설해서 2006년까지 CO_2 배출량을 연간 50만 톤 감축.

② 열병합 발전으로 기존 터빈 대비 수증기 1톤당 3.5배의 전력을 생성.

③ 2003년 일본 요카이치시四日-市 사업장의 보일러용 연료를 중유에서 천연가스로 전환하여 CO_2 배출량을 전년 대비 약 1400톤 감축.

◆ 도요타 자동차: 수송 방식의 개선 및 ESCO 사업자 활용으로 온실가스를 감축

① 2006년부터 부품 수송 수단을 기존의 트럭에서 전용 화물 열차로 전환하여 연간 CO_2 배출량의 1퍼센트 이상인 약 3,000톤 감축.

② 2004년 4월 에스코 기업을 통해 큐슈 사업장에 5,000킬로와트의 가스발전기 다섯 대와 배기가스 보일러 등을 설치하고 연료를 기존의 중유에서 도시가스로 전환하여 연간 CO_2 배출량을 기존 대비 20퍼센트(약 2만 3000톤) 감축하고 에너지 비용도 10퍼센트 절감.

③ 총 사업비는 에스코 기업이 전액 부담하는 대신 감축 비용의 일부를 매년 도요타로부터 받는 방식으로 진행.

세 번째 단계는 온실가스 감축 잠재력과 감축 비용을 계산하는 일이다. 어떤 부문에서 온실가스를 줄일 수 있을지, 자사가 온실가스를 1톤

줄이는 데 드는 비용은 얼마인지, 감축 잠재력이 가장 큰 부문은 어디인지 등을 구체적으로 파악하는 일이다. 이미 온실가스 감축 의무의 이행에 들어가 있는 EU나 일본의 기업조차 감축 비용을 산정할 필요성이 절실하지만, 독자적인 계산 모델을 가지고 정확하게 산정할 수 있다는 기업은 많지 않다. 감축 비용을 계산할 수 있는 시스템의 구축이 필요하다.

네 번째 단계는 온실가스 감축 목표를 달성하기 위해 사내에서 자체적으로 줄이는 것이 나을지 외부에서 배출권을 사오는 것이 나을지, 아니면 CDM 프로젝트 등을 통해 보다 저렴한 비용으로 온실가스 감축을 인정받을 것인지 등의 배출권 전략을 수립하고 이를 실행에 옮기는 단계이다. 이를 위해서는 국제 기준에 맞는 온실가스 배출 관련 DB를 구축하고 전담 조직을 구성해서 전문 인력을 확보하는 등의 조치가 필요하다.

자체적으로 온실가스를 감축하기 위해서는 생산 설비 및 공정, 수송 방식을 개선하는 방법이 주를 이루고 있으며, 자체 기술 개발로 획기적인 감축에 성공하기도 한다. 탄소 시장에서 배출권을 구입하거나 CDM 프로젝트 운영에 나서기 위해서는 CDM 활용 및 배출권 거래에 대한 선진 기업의 동향을 파악하고 자사의 배출권 거래 및 CDM 활용 가능성을 분석해야 한다.

다섯 번째 단계는 온실가스 감축과 배출권 거래와 관련된 다양한 비즈니스 기회를 검토한다. 종합상사, 엔지니어링 및 금융 회사 등은 온실가스 배출권 시장과 관련된 다양한 파생상품에 주목할 필요가 있다. CDM 프로젝트만 보더라도 프로젝트의 구상, 자금 조달, 승인, 등록, 검증 및 인증 등 전 과정에서 다양한 파생 비즈니스를 유발하고 있다. 나아가 온실가스 감축 트렌드에 맞는 제품 개발과 사업 구조로의 전환을 통해 '뉴 플레이그라운드New Playground'*인 온실가스 감축 관련 시장에서 선도적인 입지를 굳히는 전략이 필요한 시점이다.

---

* 세계적인 헤지펀드사인 맨그룹(Man Group)은 탄소 시장을 'New Playground'로 주목하고 급성장할 것으로 예측한 바 있다.

참고 문헌

한글 문헌

국무총리실 외, 『2030 국가 에너지 기본 계획』(2008년).

기타무라 케이, 황조희 옮김, 『탄소가 돈이다』(도요새, 2009년).

김재두, 「미국 국가 에너지 정책(NEP) 보고서의 분석」, 《석유협회보》(2004년).

김재윤 외, 「에너지 혁명: 연료전지 사업의 현황과 발전 전망」, 《삼성경제연구소 Issue Paper》(2004년).

김현진 외, 「국가 에너지 전략의 시대」, 《삼성경제연구소 CEO Information》(2006년).

김현진 외, 「석유 시장 Big Player 동향과 유가 전망」, 《삼성경제연구소 CEO Information》(2005년).

김현진, 「에너지 확보를 둘러싼 新국제 질서」, 《삼성경제연구소 Issue Paper》(2004

년).

김현진, 「동북아 에너지 협력 필요성: 경제 안보 측면에서」, 동북아경제중심추진위
원회 및 산업자원부 토론회 발제문(2004년).

김현진, 「가속화되는 석유의 '정치화'와 국가 에너지 안보 전략의 필요성」, 《석유협
회보》(2004년).

김현진, 「에너지版 중국 위협론의 부상과 에너지 안전보장」, 《삼성경제연구소 Issue
Paper》(2003년).

김현진 외, 「탄소 시장의 부상과 비즈니스 모델」, 《삼성경제연구소 CEO Information》
(2007년).

김현진 외, 「포스트교토의정서 논의와 한국의 대응」, 《삼성경제연구소 CEO
Information》(2006년).

김현진, 「기후 변화 레짐의 성립 과정과 일본의 대응: 경제 외교와 환경 외교의 딜
레마」, 《평화연구》, 제10호(2001년).

녹색성장위원회, 『세상을 바꿀, 한국의 27가지 녹색 기술』(영진닷컴, 2009년).

도현재, 『21세기 에너지 안보의 재조명 및 강화 방안』(에너지경제연구원, 2003년).

마이클 클레어, 김태유, 허은녕 옮김, 『자원의 지배: 문명 충돌의 시대에서 자원 충
돌의 시대로』(세종연구원, 2002년).

미래기획위원회, 『녹색 성장의 길: 무엇을 어떻게 준비해야 하나』(중앙북스, 2009
년).

삼성지구환경연구소, 『기후 변화가 비즈니스를 바꾼다』(비매품, 2008년).

요네모토 쇼우헤이, 박혜숙, 박종관 옮김, 『지구 환경문제란 무엇인가』(따님, 1995
년).

정우진 외, 『동북아 에너지 협력 연구』(에너지경제연구원, 2006년).

지식경제부, 에너지경제연구원, 《주간 해외 에너지 정책 동향》 각호(2008년).

한국개발연구원, 『해외 자원 개발 사업』(2008년).

한국은행, 『최근 자원 민족주의의 재확산과 향후 전망』(2008년).

영어 문헌

DOE/EIA, Annual Energy Outlook 2002 with Projections to 2020, DOE/EIA-0383, 2001.

DOE/EIA, International Energy Outlook, 2004.

EC, "Limiting Global Climate Change to 2degree celsius", The way ahead for 2020 and beyond, January 2007.

EIA, Country Analysis Brief: China, 2004.

Esty, Daniel C. & Winston, Andrew S., Green to Gold(New Haven & London: Yale University Press, 2006).

Friend, Gil, The Truth about Green Business(Financial Times Press, 2009).

HBS, Harvard Business Review on Green Business Strategy(HBS Press, 2007).

Hoffman, Andrew J. & Woody, John G., Climate Change: What's Your Business Strategy?(Harvard Business Press, 2008).

IEA, World Energy Outlook, 2007.

IEA, World Energy Outlook, 2009.

IEA, China's Worldwide Quest for Energy Security, 2000.

Mckinsey, "How Companies Think About Climate Change", Mckinsey Quarterly, 2007.12; "Addressing Consumer Concerns About Climate Change", Mckinsey Quarterly, 2008.

Morse, E. L. & Richard, J., "The Battle for Energy Dominance", Foreign Affairs, Vol.81, 2002.

NEPDG, National Energy Policy: Reliable, Affordable, and Environmentally Sound Energy for America's Future(2001).

Nidumolu, Ram , Prahalad, C. K., & Rangaswami, M. R., "Why Sustainability Is Now The Key Driver of Innovation", Harvard Business Review, No. 41, 2009.

Pernick, Ron & Wilder, Clint, The Clean Tech Revolution(Collins, 2007).

Stern, Nicholas, Stern Review on the Economics of Climate Change(Cambridge:

Cambridge University Press, 2007).

The United Nations Intergovernmental Panel on Climate Change, 4th Assessment Report, February 2007.

United States Energy Association, National Energy Security post 9/11, 2002.

Victor, D. G. & Victor, N. M., "Axis of Oil?", *Foreign Affairs*, Vol. 82, 2002.

Walker, Gabrielle & Sir. King, David, *The Hot Topic*(Harcourt, 2008).

일본 문헌

IEEJ, 『最近の米国エネルギー政策動向』(2009年).

IEEJ, 『イギリスの天然ガス需要をめぐる異なる将来像とその意味』(2009年).

IEEJ, 『ロシアのエネルギー戦略と日本の課題』(2009年).

JETRO, 『EU排出権取引制度および主要国の動向』(2007年).

石井彰, 藤和彦, 『世界を動かす石油戦略』(ちくま親書, 2003年).

一方井誠治, 『低炭素時代の日本の選択』(岩波書店, 2008年).

経済産業省, 資源エネルギー庁, 『新国家エネルギー戦略』(2006年).

北村慶, 『温暖化が金になる』(PHP研究所, 2007年).

金融機関の環境戦略研究会, 『金融機関の環境戦略』, 金融財政事情研究会, 平成17年.

小山堅, 『対イラク戦争後の国際石油情勢に関する調査』(日本エネルギー経済研究所, 2004年).

十市勉, 「原油価格高騰の背景」, 《世界》(岩波書店, 2004年).

末吉竹二郎, 井田徹治, 『カーボンリスク』(北星堂, 2006年).

田邊敏明, 『地球温暖化と環境外交:京都會議の攻防とその後の展開』(時事通信社, 1999年).

張文青, 「転換する中国のエネルギー政策」, 《立命館国際研究》, 14-4, 2004年.

藤和彦, 『石油神話:時代は天然ガスへ』(文芸春秋, 2001年).

宮崎正弘, 『ザ・グレート・ゲーム』(小学館, 2003年).

鮫島敬治, 日本経済研究センター編, 『中国リスク高成長の落とし穴』(日本経済新聞社, 2003年).

中津孝司編, 『エネルギー国際経済』(晃洋書房, 2004年).

チャールズ, W, ダイク, 「ペルシャ湾における米国政策の最近の傾向と中東と米国のエネルギー政策」(日本エネルギー研究所, 2004年 4月).

인터넷 사이트

http://www.cslforum.org

http://www.aceee.org

http://www.europa.eu.int

http://www.pointcarbon.com

http://www.mofa.co.jp

http://www.kantei.go.jp

http://www.ccchina.gov.cn

http://www.xhinhua.org

http://www.petronet.co.kr

http://www.iea.org

http://www.bp.com

http://eneken.ieej.or.jp

http://www.eia.doe.gov

http://cdm.unfccc.int

http://www.unfccc.int

http://www.pointcarbon.com

http://premium.nikkeibp.co.jp

녹색 경영

저탄소 경제, 부효의 지도를 바꾼다

1판 1쇄 펴냄 2010년 3월 5일
1판 3쇄 펴냄 2011년 2월 18일

지은이   김현진
발행인   박근섭, 박상준
편집인   장은수
펴낸곳   (주)민음사

출판등록 1966. 5. 19. 제16-490호
주소   서울시 강남구 신사동 506 강남출판문화센터 5층 (135-887)
대표전화 515-2000 | 팩시밀리 515-2007
홈페이지 www.minumsa.com

ISBN 978-89-374-2674-2 (03320)